U0143264

董乃斌 著

长安道上

缤纷的唐人世界

凤凰出版社

图书在版编目（ＣＩＰ）数据

长安道上：缤纷的唐人世界 / 董乃斌著. -- 南京：
凤凰出版社，2023.11
　　ISBN 978-7-5506-3878-5

　　Ⅰ. ①长… Ⅱ. ①董… Ⅲ. ①中国历史－唐代－通俗
读物 Ⅳ. ①K242.09

中国国家版本馆CIP数据核字(2023)第170519号

书　　　　名	长安道上:缤纷的唐人世界
著　　　　者	董乃斌
责 任 编 辑	黄如嘉
装 帧 设 计	陈贵子
责 任 监 制	程明娇
出 版 发 行	凤凰出版社(原江苏古籍出版社)
	发行部电话025-83223462
出版社地址	江苏省南京市中央路165号,邮编:210009
照　　　　排	南京凯建文化发展有限公司
印　　　　刷	江苏凤凰通达印刷有限公司
	江苏省南京市六合区冶山镇,邮编:211523
开　　　　本	787毫米×1092毫米　1/32
印　　　　张	10.875
字　　　　数	167千字
版　　　　次	2023年11月第1版
印　　　　次	2023年11月第1次印刷
标 准 书 号	ISBN 978-7-5506-3878-5
定　　　　价	68.00元
	(本书凡印装错误可向承印厂调换,电话:025-57572508)

（明）仇英　画连昌宫词轴（传）

莫高窟壁画（第 158 窟西壁壁画局部）

（清）苏六朋　太白醉酒图

（唐）玄奘　《大唐西域记》（第二卷）（局部）

（明）佚名　玄宗贵妃奏笛图

大唐西京千福寺多寶佛

塔感應碑文

南陽岑勳撰

判尚書武部員外郎琅

邪顏真卿書

朝議郎

朝散大

（唐）顏真卿　多宝塔感应碑（局部）

目　录

郁郁乎文哉

余 音

小 引

李唐王朝从唐高祖武德元年（618）建立，到唐哀帝天祐四年（907）灭亡，共经历了二十一代皇帝、将近三百年时光。

这二十一代皇帝，依次是高祖李渊、太宗李世民、高宗李治、则天皇帝武曌、中宗李显、睿宗李旦、玄宗李隆基、肃宗李亨、代宗李豫、德宗李适、顺宗李诵、宪宗李纯、穆宗李恒、敬宗李湛、文宗李昂、武宗李炎、宣宗李忱、懿宗李漼、僖宗李儇、昭宗李晔、哀帝李柷。他们基本上是父传子继，但也有不少是兄终弟及（中、睿为兄弟，敬、文、武为兄弟），而最异乎寻常并且空前绝后的，是武则天从垂帘听政的皇太后走到前台，登基当了大周皇帝，直到临死，才把政权交还儿子李显，从而使李唐得以延续。李唐王朝皇位的递嬗，在家族内部的明争暗夺之中，纠缠着朝臣、方镇，特别是专权宦官的勾心斗角和纵横捭阖，充满了血腥的气味和戏剧性场面。

这将近三百年时光，经历过初、盛、中、晚四个时期，或者说前、后两大阶段，而以安史之乱作为划分前后或初盛与中晚的分水岭。

唐朝从隋末的战乱中诞生，就像一轮旭日费力地冲破黎明前浓重的黑暗，显露出虽微弱却又富有生命力的霞光。红日冉冉东升，很快放射出灿烂辉煌的万丈光芒，唐朝在建国近百年时，达到了如日中天般的鼎盛和富强。

然而好景不长，唐朝开国一百四十年之际，一声渔阳鼙鼓，惊破了升平世界的《霓裳羽衣》之曲，唐王朝从极盛的峰巅跌落下来。整个中晚唐时期，只看到拼命的挣扎交织着无望的衰颓。过午的太阳虽然依旧耀眼，但已不可阻挡地向西天坠去。黄昏的斜阳有一番异样的壮丽，远去的金乌那如血的余晖常常唤起人们对于朝霞的难忘回忆。

有唐三百年，就经历了这样一个从朝阳到夕晖的过程。

三百年时光，说短不短，说长也不算太长。但我们的唐人却在世界上、在历史中留下如此巨大而永恒的足迹。且不说东邻日本的语汇中至今留存着"唐纸""唐本（书）""唐镜""唐舶""唐花（菊）""唐辛子（辣椒）"等名词，就全世界而言，不也习惯地称华侨为"唐人"，称华侨聚居地为"唐人街""唐人城"，而华侨们则称自己的祖国为"唐山""唐国"吗？

汉唐两朝，至今并且将永远是中国人的骄傲。

是的，李唐王朝曾把中国的社会经济、政治和文化推到了史无前例的高度。唐帝国曾经是当时全球最强盛、最先进的国度，欧洲的东罗马帝国、法兰克王国和拜占庭帝国，都不能与它相比。生活在唐代的人们曾那样地乐观奋发，怀抱过无数美丽的幻想，创造过赫赫不朽的业绩；当然，也抒发过无限深沉的感慨，吟唱过动人心魄的悲歌。这一切都使我们至今，乃至永远都想了解他们、亲近他们。

这也就是笔者撰写这本小书的动机。

唐朝的历史、文物、艺术文学和形形色色的民俗事象实在太丰富了，这里的叙说，只是几瞥远远的眺望，数幅淡淡的扫描而已，所涉及的恐怕连当日事象情景的一鳞半爪都够不上。但愿亲爱的读者看完本书会勾起更多、更直接地了解唐史的兴趣，从而在扔掉本书之后去读那些内容丰实详赡而体系也更谨严的唐代文史论著,或者走进博物馆、走向古都西安、洛阳,甚至沿着风沙弥漫的丝绸之路去寻找唐人留下的史迹。若能如此,可说是对本书笔者最高的奖赏了。

笔者在写作中除主要依据新、旧两《唐书》《资治通鉴》《唐会要》等典籍以及唐人所写的野史笔记,也参考了许多近人今人(如陈寅恪、岑仲勉、吕思勉、韩国磐、唐长孺、傅璇琮等)的唐史论著,还有一些有关论文,随文作了一些小注,但限于篇幅与体例不能一一注明,谨此说明,并致谢忱与歉意。感谢每一位费时阅读此书的读者!

盛业留青史

开国之君唐高祖

从七世纪到十世纪初统治中国的李唐王朝,同八百多年前建立的西汉王朝一样,是中国历史上最辉煌的两个朝代,版图辽阔、国力强盛,人文昌明。但汉与唐的开国之君,却一个是流氓气十足的草莽英雄,一个是养尊处优的公子哥儿。如此前后辉映,倒是一件颇为有趣的事。

唐朝的开国皇帝姓李,名渊,即史称唐高祖者。《旧唐书·高祖本纪》述其家世,远溯到十六国时的凉武昭王李暠,谓"其先陇西狄道人"。陇西李氏,是自北魏、周、隋以来著名的高门世族,到唐代更因皇族的关系,地位越发显赫。

李渊祖父李虎,西魏时为陇西郡公,又"以功参佐命",

为当时著名的八柱国之一,曾助宇文氏建周。周受禅后,追封为唐国公。李渊之父李昞,在周时官至安州总管、柱国大将军,袭封唐国公。李渊于周天和元年(566)出生于长安,七岁就袭了唐国公爵位。隋文帝开皇元年(581),他十六岁,但因其母独孤氏与文帝皇后是姐妹,所以从小受到文帝宠爱。长大后,历任刺史、郡守、卫尉少卿之职。隋末为太原留守,担负着守卫北大门的重任。

然而,出身高贵并不意味着才能一定卓越。当隋末天下大乱,群雄竞起之时,他虽也预感到杨姓必败,私下里命他的儿子建成、世民等结交豪杰,暗中准备发难起事。可是,却迟迟不敢发动。这一来固因他受恩于隋,很难断然割舍,同时与他的优柔寡断、观望形势而下不了决心有关。最后还是在儿子和僚属的催促逼迫之下才勉强举兵,宣布起义。但在617年(隋大业十三年)十一月攻入长安以后,并未立即推翻隋朝,而是立代王杨侑为天子,遥尊在江都的杨广为太上皇,并且接受隋朝封赏,当上了唐王。直到第二年三月,宇文化及在江都杀死杨广,五月,李渊才逼迫杨侑让位,正式建立了唐朝。

李渊的次子世民,即后来的唐太宗,曾经这样训斥李渊最亲信的宠臣裴寂:"武德(唐高祖年号)之时,政刑纰缪,官方弛紊,职公之由。"裴寂为人奸佞,专投李渊所好以取媚,确对武德时期的弊政负有一定责任,但更主要的还是应归罪于李渊的昏聩。关于这一点,《旧唐书·高祖本纪》的史臣赞语讲得甚为明白。他们在充分肯定李唐取代隋朝的历史意义以后,转笔写道:

> 然而优柔失断,浸润得行,诛(刘)文静则议法不从,酬裴寂则曲恩太过。奸佞由之贝锦,嬖幸得以掇蜂。……一旦兵交爱子,矢集申孙。匈奴寻犯于便桥,京邑咸忧于左衽。不有圣子,王业殆哉!

这里提到李渊执政以后的几大失误。一是过宠佞人裴寂。倘若只是对之胡封滥赏倒也罢了,怎奈还要听信他的谗言,冤杀了性格粗豪鲠直的开国功臣刘文静,从而造成了他的第二个大错。忠奸不分,刑赏不明,带来的必然后果便是正气不扬,邪恶猖獗,武德朝虽在李唐开国之初,朝政却实在糟。

没有处置好几个儿子之间的关系,以致最终酿成兄弟火并的玄武门之变,李渊的游移和摇摆自然也难辞其咎。《旧唐书》编者显然把这作为李渊的失误之一。

不过平心而论,李世民和建成、元吉的相互残杀,乃是王室成员争夺帝位时往往演出的活剧。所谓"天无二日",这种争斗必然是你死我活,以一方肉体的消灭才告终结。清初史学家王夫之在《读通鉴论》中分析过这个问题。他认为,如因建成是嫡长子,就让他继承皇位,那是不妥当的,因为世民在开国过程中功劳比他大。但反过来,因为世民功大就剥夺长子建成的太子地位,也是不妥当的,因为建成不但参与了太原起义,在以后一系列战事中功勋卓著,而且本人也有相当的威望和能力。所以王夫之说:"故高祖之处此难矣,非宜难也,诚无以处之,智者不能为之辩,勇者不能为之决也。君子且无以处此,而奚翅高祖?"

但是唐朝毕竟取代了隋朝,原因何在呢?

那是由于隋朝的政治过于黑暗腐败、民不堪命,隋炀帝征辽东、造行宫、游江南,极端地滥用民力,使广大人民濒临死亡的边缘,从而引起了足以摧毁隋政权的全国性农民起义。而李唐实际上是典型的"摘桃派"。

近人韩国磐《隋唐五代史纲》说:"隋末农民大起义的铁拳,打翻了隋朝的黑暗统治,而大贵族大官僚李渊和他的儿子李世民,却窃夺了这次大起义的果实,利用大起义当作改朝换代的工具,建立了李唐王朝。"清人王夫之说:

"天下怨隋之虐,王薄一呼,而翟让、孟海公……群起以亡隋,……唐之为余民争生死以规取天下者,夺之于群盗,非夺之于隋也。"两位史家立场、观念和所用语言不同,但看法的实质却是一致的。

唐王朝的建立,确非李氏父子个人的英明所致,而是当时天下之势,即百姓的要求、民心的向背所造成。隋末大动乱使民众陷于水深火热,外族(突厥)又趁机入侵凭陵,因此要求国家统一已成历史主潮。李渊父子所做正是顺应潮流之举。他们又采取了较为妥善的政策,如废隋苛法,颁租庸调制,既为自己加强了财政基础,又借以博得了百姓的拥戴。这是他们成功的根本原因。

当然,李渊也有他的历史作用。那就是作为一面旗帜、一个代表人物、一个象征,使渴望战争平息、国家统一的人民有了一个归属的去向。历史是无情的,也是幽默的,它就这样让一个平庸之才扮演了开国英雄的角色。

唐太宗的"业绩"

太宗十八举义兵,白旄黄钺定两京。擒(王世)充
戮窦(建德)四海清,二十有四功业成。二十有九即帝
位,三十有五致太平。

这是元和诗人白居易在其精心结撰的《新乐府》第一
篇《七德舞》中对唐太宗李世民的衷心赞美。高祖李渊昏
庸无能,唐帝国的真正创建者,应是太宗李世民,他的业
绩,就是著名的"贞观之治"。

世民为李渊次子,上有兄建成,下有弟元吉。隋末,李
渊未敢起兵,是世民设计迫使其下了决心。起兵后,置三
军,元吉领中军,建成领左军,世民领右军。关中既定,建

成为左元帅,世民为右元帅。高祖封唐王,建成为世子,高祖受禅后遂为太子,而世民为秦王。自此以后,建成、元吉便很少领兵出征,而秦王李世民则率军东征西讨,建立许多殊勋,同时也就扩大了势力。兄弟之间争夺帝位的矛盾日益加深,终于在武德九年(626)六月四日发生玄武门之变。世民杀建成、元吉,成为太子。两个月后,李渊禅位于世民。从此进入贞观之治。

《新唐书·食货志》:"贞观初,户不及三百万,绢一匹易米一斗。至四年(630),米斗四五钱,外户不闭者数月,马牛被野,人行数千里不赍粮,民物蓄息,四夷降附者百二十万人。是岁,天下断狱,死罪者二十九人,号称太平。"这段话叙出了贞观之治的基本面貌。

大力发展生产、减轻人民负担,从而促使经济复苏乃至繁荣,这是贞观之治的首要标志。随之而来的必然是社会秩序安定、犯罪率降低和边疆民族的自愿归附。这一切,与唐太宗采取的政策措施有极大关系。

太宗业绩的另一方面是武功。隋末中原战乱,北方突厥趁机崛起坐大。自始毕可汗到颉利可汗无不轻视中国,随意入侵,而隋末群雄包括李渊父子为争夺天下亦几无不借助外力(主要是突厥,其次是回纥),甚至不惜称臣于突厥。太宗即位后，便开始对突厥用兵。

贞观三年（629），李靖、李勣诸将奉命分道出师讨突厥，次年擒颉利可汗送京师，碛南大定。漠南诸藩君长请上尊号"天可汗"。东自幽州西至灵州，置顺、祐、化、长四州都督府以安置突厥来降诸部。从武德年间突厥多次入侵——几乎逼得李渊迁都——到此时，李唐王朝与突厥的力量对比，已发生了根本性的改变。李渊感叹道：从前汉高祖被匈奴困于白登，终生未能报仇，而今我的儿子能灭突厥，替我雪耻，我算是托付得人了。

此后唐朝国力进一步强盛，到贞观二十一年（647）正月，漠北诸部落首领一同来到长安，诣阙朝见。太宗赐物甚多，诸首领"盘叫于尘埃中"；依回纥之请，从回纥以南开辟道路，命名为"参天可汗道"，置邮驿六十八所，各有群马、酒肉以供过往使者。接着又平服西域、西突厥及天山南路三国（高昌、焉耆、龟兹），于龟兹设立安西都护府，兼统焉耆、于阗、疏勒，谓之安西四镇。唐朝声威北及，丝路由此畅通。太宗对此十分重视。突厥平后，有西域安国使者前来进贡，他厚慰使者，道："西突厥已降，商旅可行矣。"诸胡大悦。

太宗曾总结自己的成功之因，列出五条：

第一，不疾胜己者之善；

第二，能弃人之短而取其所长；

第三，敬贤而怜不肖，使之各得其所；

第四，不恶正直之士；

第五，无贵中华而贱夷狄的狭隘心。

以上几点，原文详见《资治通鉴》，大抵是从处理人际关系的准则角度着眼，当然不全面。太宗最为后世所称道的优点常常是：从谏如流、量材器使、居安思危、审慎法令、不察察为明、不主严刑而治等。著名史官吴兢，除撰有《太宗实录》外，专采太宗与群臣问答之语著为《贞观政要》，记载了这方面许多实例。此外，许多史籍、笔记也记述了太宗和当时朝臣如魏徵、长孙无忌、房玄龄、杜如晦、马周之间种种遗闻轶事，尤其突出了太宗的纳谏和用贤两大优点，也将太宗作为古代君王的最高典范。

其实唐太宗最值得后世帝王借鉴的，是他的反思能力和自我批评精神。他能够以魏徵为"镜"，时常观照自身。他又曾撰《帝范》十二篇以赐太子，并且坦诚地对儿子说："汝当更求古之哲王以为师，如吾，不足法也。……吾居位已来，不善多矣。锦绣珠玉，不绝于前；宫室台榭，屡有兴作;犬马鹰隼,无远不致;行游四方,供顿烦劳;此皆吾之深过,勿以为是而法之。"不管这种做法是否仅是一种姿态,或有沽取美名之嫌,作为一个九五之尊,能这样说并记录下来,就不容易。

贞观之治当然也有黑暗面。贞观五年(631)拟修洛阳宫,戴胄上疏谏止,曾说:"比见关中、河外,尽置军团,富室强丁,并从戎旅。重以九成作役,余丁向尽。……乱离甫尔,户口单弱,一人就役,举家便废。入军者督其戎仗,从役者责其糇粮,尽室经营,多不能济。"可见民间的疾苦还是很深重的。中年以后,太宗生活渐趋奢靡。这才有贞观十一年(637)马周上疏言太宗近来不爱民,贞观十三年(639)魏徵又上《十渐终不克疏》提出严厉批评的事。

然而总的来说,唐太宗执政一生还是比较克制、谨慎的。近人吕思勉在其《隋唐五代史》中论太宗"不过中材。论其恭俭之德,及忧深思远之资,实尚不如宋文帝,更无论梁武帝;其武略亦不如梁武帝,更无论宋武帝、陈武帝矣",诚或如此。但唐太宗非但未如梁、陈之亡国,而且造成了至今艳称的贞观之治,这既与当时的大势有关,恐怕也跟太宗即位后保持克制、谨慎分不开吧。

唯一的女皇:武则天

据说唐太宗晚年非常喜欢一个十四岁的美貌少女,把她召入宫中,立为才人(初唐后宫有才人五名,是正五品的女官)。当时,他绝不会想到,就是这个女子将残酷地杀戮他的嫡亲子孙,把他苦心经营一生的唐朝"革命"成武周,把李家的天下变成武氏的天下达十六年之久。

这个女子就是中国历史上唯一的女皇帝武则天。

唐太宗死后,武氏按例出家为尼,居感业寺。但这并不是她政治生涯的结束,倒成了一个新的开端。她又被太宗之子、皇位的继承者高宗李治看上了。于是再度迎进宫去,拜昭仪,进号宸妃,不久就成为皇后。高宗称天皇,她称天后,当时并称"二圣"。后来徐敬业起兵造反,骆宾王撰《讨武曌檄》，中有"昔充太宗下陈，曾以更衣入侍。……践元后于翚翟，陷吾君于聚麀"，就是揭武则天这段隐私。什么叫"聚麀"？聚者，共也；麀，即雌兽。兽类无所谓伦理道德，两代雄性可以共有一个雌兽。《曲礼》说："夫惟禽兽无礼，故父子聚麀。"这里是指武则天曾先后事太宗、高宗父子。骆宾王本以为揭出此点，武则天定会羞愧得无地自容，岂知他的预料完全落空。据说武则天读檄文至此，竟毫不动容。听完全文，反倒对骆宾王的文才非常赞赏，说了一句："宰相不该失此人。"

武则天从显庆五年（660）开始参决奏事，辅佐高宗执政。到唐永淳二年（即弘道元年，683）高宗病故，中宗继位，她便以太后身份临朝称制。后来废去中宗，改立睿宗，太后临朝称制不变。690年9月，干脆"革唐命，改国号为周，改元为天授"。从此，皇太后武则天变成圣神皇帝，以后又屡加尊号为金轮圣神皇帝、越古金轮圣神皇帝、慈氏越古金轮圣神皇帝、天册金轮圣神皇帝等。直到705年11月病逝于洛阳之前，才下遗制："祔庙、归陵，令去帝号，称则天大圣皇后。"算起来，武则天实际执政近半个世纪。

在这数十年中，武则天进行了许多改革。比较突出的在于发展科举制。她亲自策问贡举人，开殿前试士之法。

为了广搜遗才，还曾派人四出寻访，对于人才往往未经考试便不次拔擢。又开武举，形成常规。以前各地进贡方物，贡举人名单附在诸种物品之后，现在改为人在物前，也显示了对人才的尊重。武则天一面提高庶族知识分子的地位，一面大力压抑士族，特别是关陇士族。太宗时修的《氏族志》改为《姓氏录》，后族武氏列为第一等，其余一律以官职分高下，疏为九等。哪怕是普通士卒，只要因军功得到五品官，也可以厕身士流。同时她改革官制，除了将许多官署官职改换名称（如中书省改为凤阁、门下省改为鸾台、尚书省改为文昌台；中书令改为内史、侍中改为纳言、左右仆射改为左右相等），还大大加强了肃政台（即原御史台）对内外文武官吏和军队的监督。这些措施对于扩大统治基础、缓和社会矛盾多少有些好处。

但另一些所谓改革就不同了。武则天以女主临朝，总疑心天下阴谋反对者多，于是起用大批专擅罗织陷害逼供的酷吏。她在朝堂设置铜匦，就是铜制的检举箱，接受来自全国各地的检举投诉。又下令大开告密之风：有告密者，臣下不得问，一律提供驿马，供五品官的饮食，送至行在，即便是农人或樵夫，也得召见。倘所言称旨，当场可以授官；所言不实却不追究责任。这岂不大大鼓励了那些心怀叵测的凶险小人？

第一个受到武则天赏识和重用的酷吏、胡人索元礼就是靠告密起家的。随后，周兴、来俊臣、万国俊之徒竞起，甚至编写了名叫《罗织经》的教材，教人网罗无辜，织成反状，编派细节，出首上告。又创造了种种讯囚酷法，"或以椽关手足而转之，谓之凤凰晒翅；或以物绊其腰，引枷向前，谓之驴驹拔橛；或使跪捧枷，累甓其上，谓之仙人献果；或使立高木，引枷尾向后，谓之玉女登梯；或倒悬，石缒其首；或以醋灌鼻；或以铁圈毂其首而加楔，至有脑裂髓出者"（《资治通鉴》卷二百三）。如此改革和创造发明，除了造成人人重足屏息的政治恐怖，使专制统治愈益残忍严酷以外，实在谈不上什么进步作用。

至于与施行酷政相辅的另一面：利用宗教和迷信，制造种种祥瑞、谶言乃至经典（如《大云经》），把武则天奉为"圣母神皇"，宣扬她是"弥勒佛下生，当代唐为阎浮提主"，以及造明堂、铸九鼎、创奇字、改年号、按皇家规格立武氏七庙、忽而尊道忽而崇佛等，更算不得什么革新，而只是一代丑闻而已。

当然，人是复杂的。武则天从政多年，富有权谋，处事手腕还是高明的。比如她纵容薛怀义，无论多少官员进谏也照样置若罔闻,但当怀义和宰相发生冲突,挨了揍来诉苦告状时,她却只对他说"阿师当于北门出入,南牙宰相所往来,勿犯也"。来个大事化小,小事化了。又如她一面号召人们举报告密,但当御史纪先知抓了个举人,告他在民谣"补阙连车载,拾遗平斗量,欋椎侍御史,碗脱校书郎"后面续道"糊心存抚使,睞目圣神皇",直接攻击了大量擢用新人的武则天本人时,她却不但没有加罪于那个举人,反而对这个邀功心切的御史说:"但使卿辈不滥,何恤人言?宜释其罪。"让他碰了一鼻子灰。武则天就是这样"挟刑赏之柄以驾御天下",连司马光都承认她"明察善断"。

对于武则天,一千多年来各种评论不少。岑仲勉说得尖锐:"近人对则天有恕辞,然即使撇去私德不论,总观其在位二十一年(684—704)实无丝毫政绩可纪。"(《隋唐史》上册)吕思勉则说:"武后以一女主而易姓革命,开旷古未有之局,论者多以为奇,其实无足异也。专制之世,政权谁属,人民本不过问……母后临朝,有帝王之实者,本自不乏,特未尝居其名耳。武后在高宗时,盗窃政柄已余二十年,其形势又非他临朝摄政者比,实既至矣,易其名何难?特视其欲不欲耳。"(《隋唐五代史》上册)均不妨作为参考。

风流天子李三郎

风流天子李三郎，说的是唐玄宗李隆基，也就是唐史上著名的开元皇帝、盛唐时代的最高统治者。

唐玄宗李隆基是高宗李治和武则天的孙子、睿宗李旦之子，排行第三，宫中呼为"三郎"，死后谥为"至道大圣大明孝皇帝"，所以又称"孝明皇帝"或"明皇"，玄宗则是他的庙号。

史学家陈寅恪在《唐代政治史述论稿》中详述"自高祖、太宗至中宗、玄宗，中央政治革命凡四次"后指出："于是皇位继承之无固定性及新旧君主接续之交，辄有政变发生，遂为唐代政治史之一大问题也。"李隆基确是经过一场激烈的宫廷斗争，才登上皇帝宝座的。

简单说来，武后殡天，李隆基的伯父中宗李显复位，但大权却落在皇后韦氏及与其有暧昧关系的武三思、安乐公主(韦氏之女、三思儿媳)诸人手中。韦氏野心颇大,意欲重演则天故事,竟于景龙四年(710)毒杀中宗,立十六岁的皇子重茂为帝,从而临朝摄政。当时作为相王世子的李隆基与姑姑太平公主合谋,不失时机地起兵杀死韦后、安乐公主及诸韦。随即流窜诸武,由中宗之弟、隆基之父、相王李旦即位。这就是睿宗,而以隆基为太子。但太平公主酷似其母武则天,同样权势欲极强。她对年少英武的李隆基颇为嫉视,总想加害于他。到延和元年(712)睿宗传位于隆基而退为太上皇之后,她的阴谋便加紧进行。次年七月,竟拉拢了几位宰相,想废去隆基的帝位。隆基先下手为强,以武力扑灭了这个阴谋,杀掉几个反对他的宰相,赐死太平公主。李隆基从此才坐稳皇帝宝座,开始了他励精图治的开元盛世。

开元年间(713—741),唐朝国富民安,疆土辽阔,被誉为"贞观之风,一朝复振"(《旧唐书·玄宗纪》史臣语)。明皇的五代孙宪宗李纯对自己的两个祖先佩服得五体投地,嗣位之初,读列代实录,竦慕不能释卷,对丞相说:"太宗之创业如此,玄宗之致理如此,既览国史,乃知万倍不如先圣!"

然而，唐宪宗也曾说过："朕读《玄宗实录》，见开元初锐意求理，至十六年已后，稍似懈倦，开元末又不及中年。"（《旧唐书·宪宗纪》）开元十六年（728），玄宗四十四岁，到开元末年已经接近六十岁。作为一个老人，不胜朝政之烦而希冀安逸享乐，这是人之常情。玄宗确实也曾多次向近臣（如高力士）流露过厌政心情。可惜传统体制下，从无皇帝主动退休之例；一般皇帝也从不肯早早交出政权。于是只好勉为其难，支撑下去，而使政治每况愈下，直至发生像"天宝之乱"这样的大祸，才不得不让儿子接班。

　　755年爆发的"安史之乱"除使唐玄宗失去了帝位，还使他失去了宠妃杨玉环。结束流亡生活，从成都回到长安之后，老景更是十分凄凉，最后孤寂地死于长安西内荒凉的宫中。但这位风流皇帝却因此颇得后人的同情。

　　说到李隆基的风流，那倒并不是在他做了天子以后的事。早在做临淄郡王时，就娶了王氏、刘氏二妃。王氏未生育，刘氏先后生有三个儿子，其中嗣直（后改名琮），是他的长子。景龙二年（708），他出任潞州别驾，在那里又娶了歌女赵氏（即后赵丽妃），生子嗣谦（后改名瑛），是其次子。李隆基一生共有子女五十九人，分属十五位嫔妃。

　　古代实行一夫多妻制，皇帝更是三宫六院，所谓"佳丽三千",所以子女多算不得稀奇。李隆基风流的特点,还在于他的多情,在于他晚年与杨玉环演出了一场有失伦常的爱情悲剧。杨玉环本是玄宗第十六子寿王之妃,已履行过一系列相关册封手续,后才受命出家为道,居于内太真宫道观,号太真。然后再从道观被召入宫,册为玄宗贵妃。这出凄艳的悲剧前后跨越天宝盛世和安史之乱的动荡岁月,帝妃之爱与时代变迁相渗透,政权的失落与情侣的惨死相交织,遂成为后世文人津津乐道的创作题材。唐明皇风流之名,也就从此载于青史。

其实,唐明皇的风流除了上述,还表现在他的文艺才能方面。

隆基之父"好乐",喜奏琵琶,对他影响颇大。他从小"精晓音律",成人以后"好妓(乐伎)之声,或闻于人听"。在临淄王时期,在居东宫当太子时期,均不忘寻求声色。开元初,虽励精图治、宵衣旰食,仍不废歌舞。此时,他居天子之尊,条件比以前更好。开元二年(714),设梨园于禁苑,用以招养艺人,教习坐部伎音乐,由玄宗亲自担任教练,校正曲音,号"皇帝梨园弟子"。不久又设宜春院,性质与梨园相同,唯所纳皆为女子,人数有数百之多。天宝年间,玉环入宫见宠,宜春院的歌舞在其倡导下愈益精美。

除此以外，又有别教院和小部音声，专门演练新曲。别教院的人数常多达上千，小部音声则全是十五岁以下的少女。

相传隆基与其兄宁王宪，均擅长奏笛，时常一起吹奏玩乐。隆基也善丝竹，如琵琶。相传他曾于梦中得《凌波曲》，醒后"自御琵琶，习而翻之"。他又善于作曲，著名的《霓裳羽衣曲》《紫云回》《龙池乐》等，均为他所创，其音调旋律之美，令人疑心是从神仙处学来，因此留下许多传奇性很强的传说故事。

由西域传来的羯鼓（又称两杖鼓，形似漆桶，用两支小杖敲击），是李隆基特别喜爱和精通的一种乐器，他打击的技艺堪与最好的乐工媲美。

李隆基极端热爱歌舞艺术，不但亲自教练皇家乐队、排演节目，而且亲自参与演出。他曾吹玉笛为杨贵妃伴舞，又曾击羯鼓为宫妓念奴的歌唱伴奏。请再看以下一段精彩记载：

> 新丰初进女伶谢阿蛮，善舞。上（明皇）与妃子钟念，因而受焉。就按于清元小殿，宁王吹玉笛，上羯鼓，妃琵琶，马仙期方响，李龟年觱篥，张野狐筚篥，贺

怀智拍板。自旦至午，欢洽异常。（乐史《杨太真外传》）

当此时也，他哪里还像个至高无上的君王？完全是个陶醉于音乐的演奏家而已。

是真才子必风流，此言委实有理。只不过才子们不妨尽情风流，而身负宗庙社稷之重责的帝王却少有这样的自由，或享受了此种自由却不免造成政治上的失误和遗恨。

渔阳鼙鼓动地来

　　唐玄宗年事渐高，朝廷政务委诸宰臣，军戎大事付之
边将。所谓宰臣，先是口蜜腹剑的李林甫，后是椒房之亲
的杨国忠。边将，主要指安禄山。这是导致天宝乱政的重
要人事因素。而从天宝十四载（755）开始、绵延八年之久
的安史之乱，则是唐王朝由盛变衰的转折点、分水岭。

　　李林甫执政前后十九年（开元二十二年〔734〕至天宝
十一载〔752〕），一贯媚事左右，迎合帝意，杜绝言路，排抑
胜己，屡起大狱，诛逐贵臣，终于"养成天下之乱"。而杨国
忠小人得志，才能更劣，继任宰相仅四年，即"终成其乱"。
起兵作乱的，便是胡人安禄山。

　　安禄山乃营州柳城之杂种胡人，生父不详，母阿史德

为突厥族人，是个巫师。禄山初名阿荦山，为战神之意。后其母嫁安延偃，才冒姓安氏，名禄山。

此人年轻时骁勇多智，通六种（一说九种）蕃语，在边境充当"互市儿郎"（突厥与唐朝互市的中介人），以貌伟言奇为幽州节度使张守珪赏识，任为"捉生将"，收作"养子"。开元二十四年（736）安禄山为平卢讨击使，在与奚、契丹战事中兵败，被押送东都。张九龄力主斩之，玄宗怜其勇锐，放归，令其"以白衣效力"。四年后，又升为平卢兵马使。天宝元年（742）已为平卢节度使。此后，安禄山不断向玄宗表忠、献贿，并以边功博取欢心。加上李林甫竭力杜绝边将入相之路，安禄山遂在外节节高升。

天宝二年（743），安禄山加封骠骑大将军。次年，兼范阳节度使、河北采访使。九载（750）晋爵东平郡王，开将帅封王之先例。明年，更兼领河东，成为平卢、范阳、河东三镇节帅及河北道采访处置使，统兵二十万以上，大唐东北全境都在他的掌控之下，权势极大。

职位升高，权力扩充，刺激了安禄山的野心。虽明皇不断加以怀柔，排除一切谏诤以示宠信，怎奈狼子野心与日俱增，终于决定起兵反叛，夺取中央政权。

安禄山由刻意求宠到蓄意谋反，暗中准备多年。他派人常驻京师侦伺朝廷动静,谨慎地不卷入与玄宗矛盾深刻的太子党中,甚至装疯卖傻,表示出对太子的不敬。一次玄宗命他与太子见礼,他偏不拜,左右人着急地催促他,他却昂然地说:"臣是胡人,不懂朝仪,不知道太子是个什么官儿!"玄宗告诉他:"此储君也,将来就是你的君上。"安禄山竟答道:"臣愚蠢得很,一向心中只有陛下您,不知还有个储君。"他这一席话的效果如何?"上(玄宗)以为信然,益爱之"。真可谓一举两得。

像这样"外若痴直,内实狡黠"的事例还有好多。一次玄宗指着他那肥胖下垂的肚皮,戏问:"此胡腹中何所有,其大乃尔?"他回答:"更无余物,正有赤心耳。"他看出杨贵妃在玄宗心目中的地位,竟以四十五岁之人请为二十九岁的贵妃之养子,贵妃在他生日那天把他当作新生儿似的演出了一场"洗儿"闹剧。于是宫中呼他为"禄儿",让他随便出入,唐玄宗也更加放松了对他的警惕。

安顿好玄宗这一头,安禄山就有了牢固的地位,不必怕任何人向玄宗进谏。不是没有人发出警告,但被安禄山假象所蒙蔽的唐玄宗一概不听。直到天宝十四载二月,禄山反形已彰,玄宗还说"禄山,朕推心待之,必无异志"。

其实安禄山早已有所准备。天宝六载（747），借口御寇，修筑雄武城（今天津蓟州区境内）。天宝九载（750），又加筑之，并大贮兵器。收养同罗、奚、契丹壮士八千余人，号"曳落河"，充作亲兵。畜单于、护真大马数万匹，牛羊五万余头，同时囤粮积草，购置军需。这都是积极备战之举。在人才方面，人事收罗知识分子，尤其是官场或科举之失意者，如高尚、严庄、张通儒、孙孝哲等，均成为其谋主和死党。

天宝十一载（752），安禄山有所畏惧的李林甫去世，新宰相杨国忠刚愎无能，不能制服禄山，在玄宗面前屡次进言，谓禄山必反。次年，安禄山应召进京，打破了杨国忠"召之必不来"的预言，一番哭诉，弄得唐玄宗只好对他大加奖慰。但安禄山深知杨国忠与他势不两立，一旦脱身便疾驱出关，直奔老巢，加速部署反叛。

大概由于老是听喊"狼来了"而狼总是不来，所以当天宝十四载（755）二月安禄山奏请以三十二名藩将取代汉将时，尽管韦见素、杨国忠两位宰相一致认为禄山将反，唐玄宗还是不信。

这年冬十月，玄宗、贵妃照例去临潼华清宫避寒。此前曾有玺书召安禄山，安已拒之，但仍未引起唐玄宗警觉。

十一月九日，安禄山在蓟城誓师，扬言"奉旨讨杨国忠"，起兵南下，雄兵二十万直扑中原。"禄山乘铁舆，步骑精锐，烟尘千里，鼓噪震地"，一场巨大的民族灾难开始了。

消息传到骊山，已是七天以后。此时安史乱军已逼近博陵（今河北定州）。三天后，博陵陷落。这时玄宗一行刚刚准备离开骊山回长安。又经十三天，乱军抵达黄河。随即自灵昌（今河南滑县东）渡河，进逼陈留。直到陈留失陷，唐玄宗才宣布亲征，一面调兵遣将抵挡叛军。

以后一段时间的战况如下：

十二月初八，河南重镇荥阳失守。十二日，东都洛阳沦陷，守将封常清逃至陕郡，又奔潼关，与高仙芝会合。十八日，唐因战败之罪斩高仙芝、封常清。二十三日，玄宗原定此日出发亲征，且令太子监国，但实际均未施行。河北各州县在颜真卿等领导下开展抗逆斗争，有力地牵制了叛军。天宝十五载（即肃宗至德元载，756）正月初一，安禄山在洛阳自称大燕皇帝，改元圣武。由于忙着做皇帝，一时也就未再西进。从安禄山范阳起兵到攻陷洛阳，前后仅三十四天。而这不过是安史之乱的开始，唐朝更窘迫的境遇，百姓更苦难的岁月，还在后面。

一个晚年倦于政事而又刚愎自用的皇帝，一个野心勃勃、肆无忌惮的军事冒险家，和先后两个只知保位固宠、谄佞而形秽的宰臣，就这样把国家和人民推向巨大的历史浩劫之中。

马嵬之变与杨妃之死

天宝十四载(755)冬十月,安禄山于范阳起兵叛唐,次年正月初一,在东都洛阳登基称帝。此后约半年时间叛军与唐军在潼关相持。但六月九日叛军终于攻破潼关,直扑京师长安。

这一下唐玄宗慌了手脚,于六月十三日凌晨仓促逃离长安。玄宗一行中午到达咸阳,当晚抵金城(今陕西兴平)。翌日午时,进抵马嵬驿(今陕西兴平西北)。这是明皇一行出逃的第二天。就在这一天,一场意想不到的兵变发生了。

自安史之乱爆发,朝野上下几乎异口同声地归罪于奸相杨国忠。"天下以杨国忠骄纵召乱,莫不切齿"(《资治通鉴》卷二一八），确是当时实情，所以当六月十四这天午后，护卫玄宗一行的禁军将士在饥饿、疲乏的困扰之下，听到他们的统帅、龙武大将军陈玄礼以下一席话时，立刻便明白该怎样行动了。陈玄礼说：

> 今天下崩离，万乘震荡，岂不由杨国忠割剥甿庶，朝野怨咨，以至此耶？若不诛之以谢天下，何以塞四海之怨愤！（《旧唐书·杨国忠传》）

果然，众将士听后，齐道：

> 念之久矣！事行身死，固所愿也！

正好这时有人看到吐蕃和好使在驿门拦住杨国忠在说什么事，便大呼："杨国忠与蕃人谋叛！"这当然是莫须有的事。然而就这么一声喝喊，众军士便乘势一拥而上，抓住杨国忠，不由分说立刻将他斩首。后来在兵变中被杀的还有国忠之子、户部侍郎杨暄，韩国夫人，虢国夫人以及御史大夫魏方进等。左相韦见素闻乱出看，也被乱军打得头破血流。

事变发生时，玄宗正在驿亭。他无法制止乱军，只好派高力士出去"宣慰"。谁知禁军将士依然包围驿站不肯散去。他们对高力士说："贼本尚在！"就是说，杨国忠虽死，但他的后台、造成天下大乱的根本原因还在。那是指杨贵妃，因为当初杨国忠之得势，完全靠贵妃的得宠。龙武大将军陈玄礼对玄宗说："国忠谋反，贵妃不宜供奉，愿陛下割恩正法。"唐玄宗自然不答应。但是高力士说话了："贵妃诚无罪。然将士已杀国忠，而贵妃在陛下左右，岂敢自安！愿陛下审思之，将士安则陛下安矣。"连最贴心的老奴也这么说，这是玄宗绝对想不到的。然而，形势逼人，不容含糊，安史乱军正在苦苦相逼，去往西蜀之路还十分遥远而且艰难，是要将士还是要爱妃，唐玄宗必须迅速作出抉择。

终于，玄宗"命力士引贵妃于佛堂，缢杀之"。这就是白乐天《长恨歌》所描写的：

> 六军不发无奈何，宛转蛾眉马前死。
> 花钿委地无人收，翠翘金雀玉搔头。
> 君王掩面救不得，回看血泪相和流。

关于贵妃之死，有多种传说。用白绫或罗巾缢杀，是最普遍的说法。也有说是让贵妃吞金而死。如刘禹锡《马嵬行》诗云："军家诛佞幸，天子舍妖姬。……贵人饮金屑，倏忽舜英暮。"最离奇的无过于说杨贵妃并没有死，当时只是令一个"蛾眉"女子掉了包，贵妃却化装潜逃，经过广陵（今江苏扬州市），东渡去了日本。据说日本至今尚有几处"杨妃墓"在，甚至有人出来自称是杨贵妃的后裔。追究起来，这一切无稽之谈的起源，盖在于《长恨歌》及《长恨歌传》的流播。

《长恨歌》描写杨贵妃死后升天成仙，生活在海上仙山，后来竟被那个"能以精诚致魂魄""升天入地求之遍"的临邛道士找到。这个道士不但目睹了太真妃子在仙界的生活情貌，而且受托给唐明皇捎回了信物。《长恨歌传》甚至写到杨妃"自悲曰：由此一念，又不得居此。复堕下界，且结后缘"。很明显，两位作家的想象分别受到道教成仙幻想和佛教轮回思想的影响，而有的人则把这幻想的仙境扯到东瀛的扶桑之国去了。

然而杨妃不死的传说还有更深刻的心理原因，那就是中国人对于弱者、失败者的普遍同情和谅宥。与玄宗比较起来，她对天宝之乱应担的罪责要小得多，受到的惩罚却重得不成比例。玄宗晚年的落寞尚且引起许多同情,杨妃惨死(而且她又是那样一个花容月貌的美人)岂能令人无动于衷?许多民间传说与文人创作,有意淡化政治背景,掩盖翁夺子媳之事实,无视李、杨二人的年龄差距(三十四岁),而把他们的事迹经历只当作一个美丽凄凉的爱情来表现,大抵就是出于这个原因。

马嵬之变使唐玄宗演出了一场历史上多次重复过的"霸王别姬"悲剧。当他面临要美人还是要江山、保爱姬还是保自己的难题时,他选择了后者,并且达到了目的。应该说他还是幸运的。历史上许多君王在这种时刻往往别无选择。陈后主亡国,本想带着心爱的美人张贵妃、孔贵嫔一起入井匿藏,结果是同时被俘,成了隋的阶下囚。隋炀帝自己被宇文化及所杀,皇后萧氏竟被逮送突厥。南唐亡国,后主与小周后一起被押到汴京,自己成日以泪洗面不算,小周后也屡遭凌辱。如此看来,禁军将士和历史对唐玄宗真可谓优厚不薄。君不见,他虽然失去了活的杨贵妃,不是到底保住了太上皇的尊位,并且有幸让人为贵妃作了画像,还由他亲自题写赞语以供日夕瞻仰吗?而这一切,都是以牺牲一个女子为代价换来的。

危险的藩镇

　　唐代宗广德元年(763)，安史之乱以史思明之子史朝义自缢、其党羽纷纷投降宣告结束。但接着到来的并不是全国的统一安定，而是新的藩镇割据局面。

　　安史之乱虽然平定，参与叛乱的大批将领、军士依然存在。朝廷无力消灭这股势力，又兼平叛将帅(如仆固怀恩父子)有意保护他们，这批安史叛将很快摇身一变成了唐朝的节度使，实际上成了新的割据者和潜在的叛乱者。

　　势力最强而最为桀骜跋扈的是河北三镇，即魏博镇田承嗣、成德镇(亦称镇冀镇或恒冀镇)李宝臣(原名张忠志)、卢龙镇李怀仙，他们大体上占据了唐河北道的全部。此外还有淄青、宣武、淮西诸镇，都是以节度使名义而搞割据的大镇。

何谓割据？首先，是作为朝廷命官的节度使不服从朝廷的调遣、任命，形成父子相传、兄终弟及或者兵将拥立、自任留后的局面。朝廷无力制约，只有承认既成事实的份儿。这些节度使管辖的地区遂成为他们的独立王国。其次，是在境内实行自定的法律和赋税制度，往往比朝廷规定的更为严酷苛刻，而收入则全部占为本镇所有，不向朝廷输送，也就是说在经济上亦大搞独立。

各藩镇在自己统治的地区做土皇帝，必然大肆掠夺土地，扩充庄园，聚敛财物。为了巩固这种地位，不得不豢养大量兵士，尤其是直接保卫其本人的"牙兵"。当初安禄山养为假子的"曳落河"健儿，此时田承嗣精选魁伟强力战士组成的"外宅男"，就是这种"牙兵"（亦称"衙兵"）。武宁军节度使（驻徐州）王智兴的牙兵也很有名：

> 初，王智兴得徐州，召募凶豪之卒二千人，号曰"银刀""雕旗""门枪""挟马"等军，番宿衙城。自后浸骄，节度使姑息不暇。田牟镇徐日，每与骄卒杂坐，酒酣抚背，时把板为之唱歌。其徒日费万计，每有宾宴，必先厌食饫酒。祁寒暑雨，厄酒盈前，然犹喧噪邀求，动谋逐帅。（《旧唐书·懿宗纪》）

藩镇统帅离不开这批骄兵悍将，只好靠无节制的赏赍廪给来维持、笼络。有了他们支持，就敢于藐视、对抗朝廷。"兵骄则逐帅，帅强则叛上"，形成恶性的循环。而在这当中，真正遭殃的无疑是承担财赋所出的老百姓。

由于藩镇割据的发展，唐德宗即位之初即有"四王二帝"——藩镇四人称王、二人称帝的事发生，而德宗则被叛镇撵得几次弃京出逃。

建中二年（781）正月，成德镇李宝臣死，其子惟岳要求袭父位，魏博镇田悦亦代他向朝廷申请，唐德宗不允。李、田遂勾结淄青镇李正己、山南东道梁崇义联合反叛。七月，李正己死，其子李纳亦请袭父位。唐朝无力对付，只得采取"以藩制藩"策略，派遣淮西镇李希烈率兵讨伐。八月，梁崇义败死。次年闰正月，成德部将王武俊杀李惟岳，向朝廷投诚，但旋即以朝廷赏赐过薄为由，联合田悦和卢龙镇朱滔共叛。十一月筑坛立盟，相约为王。于是朱滔称冀王，王武俊称赵王，田悦称魏王，李纳称齐王，以朱滔为盟主，联兵抗唐。

这就是所谓"四王"。接着，曾奉命伐叛的淮西镇李希烈也叛变了，自封天下都元帅、太尉、建兴王。德宗急调淮西邻道军队攻李希烈，但诸道均不肯出力，逗留观望。没奈何,只得远调泾原(今甘肃泾川北)兵参战。谁知泾原兵路过长安嫌朝廷犒劳饷军不丰,顿生怨恨,反戈作乱。唐德宗未料肘腋生变,仓皇出奔奉天(今陕西乾县)。而泾原乱军已拥立前卢龙节度使朱泚(时留居长安)为秦帝,并改元为应天。朱泚随即率军进攻奉天,如果不是唐将浑瑊苦战,李晟、李怀光及时来援,德宗性命危矣。

兴元元年(784),唐德宗下罪己诏,宣布除朱泚外,赦李希烈、田悦、王武俊、李纳、朱滔等人罪,并停止间架、除陌等苛税。诏下,田、王、李三人上表愿去王号,但李希烈反而效法朱泚,自称楚帝。朱泚则改号为汉,自称汉元天皇。而一度助唐的朔方节度使李怀光也在长安叛乱起来,逼得唐德宗再次出逃,奔往梁州(今陕西汉中)。

藩镇的动乱已经严重危及了唐王朝的存续,唐德宗不但帝位,就连生命都在岌岌可危之中。

幸好这时唐朝国力尚未尽丧,还有一批忠于朝廷的能将,像新任命的朔方节度使浑瑊和鄜坊、京畿、渭北、商华副元帅李晟等。兴元元年(784)六月,李晟收复长安,朱泚于逃亡中被军士杀死。

但对李希烈仍然没有办法,大臣颜真卿前去宣慰(招降),竟被他残酷杀害。倘若不是他发生内讧,还将苟延更长时间。贞元二年（786），李希烈为部将陈仙奇毒杀。不久，陈仙奇又被吴少诚杀死，淮西镇从此为吴氏所有。直到唐宪宗元和十二年（817），宰相裴度亲临前线，取得平淮西战役的胜利，吴氏才亡。

"四王二帝"的出现，标志着唐中期以后藩镇已嚣张到了极点。德宗一生处于藩镇的动乱与胁迫之中，渐渐将武力平定的政策改变为姑息容忍。他的孙子宪宗利用他所蓄积的国力，以平叛削藩为己任，取得较大成功。然而藩镇为祸并未断绝，到宪宗的孙子武宗时，又有泽潞镇刘稹叛乱，武宗和宰相李德裕费了九牛二虎之力才总算把他平定。

藩镇割据实已成为唐政权肌体上的巨痛毒瘤。从安史之乱起，平叛战争固然暂时起到稳定唐朝统治的作用，但战争不仅消耗国力，同时又培育出一批又一批新的军阀、新的藩镇。平叛战争反而成为更多更大藩镇出现的温床和催化剂。而唐朝二百九十年的统治，最后也就结束在一个当时最强有力的藩镇朱温手中。

病树前头万木春:永贞革新

　　唐朝进入中期以后,存在着几大社会矛盾。最突出的是藩镇割据,甚至反噬朝廷,唐德宗就曾几次被乱军赶出长安。

　　朝廷内部则有宦官专权、贤能被逐的问题。比较正直敢言的大臣,如陆贽、阳城均被撵出朝廷;而由于掌握着强大的神策军,宦官骄横霸道、嚣张不法,由宦官主持的"宫市",掠夺勒索民物,毫无顾忌。

　　政治腐败必然导致政策的混乱。贪官污吏如京兆尹李实之流,不顾人民死活,也根本不管两税法明确规定正税之外不得擅有征榷的法令,一味苛征暴敛,逼得百姓走投无路,社会不稳定因素在迅速滋长。

这种情况使统治阶级中部分头脑较清醒的人深感不安,便悄悄地酝酿着自上而下的改革。

此时唐德宗已经年老,改革者很自然地寄希望于太子李诵。贞元末,在李诵周围聚集起一批有志改革的人士。

他们的首领是王伾、王叔文。王伾善书、王叔文善棋,分别以书、棋之艺待诏翰林并侍读东宫。其中王叔文尤其深沉多谋,极得李诵信任,实际上是改革派的灵魂。

二王又团结了一批新进的官员,如刘禹锡、柳宗元、吕温、李景俭、韩晔、韩泰、陈谏、凌准、程异诸人,共同商讨谋划改革事宜,只等时机一到,便动手实施。

贞元二十一年(805)正月,德宗病死,李诵即位,是为顺宗。王叔文集团实施改革计划的机会到了。他们中资望较高的同谋者韦执谊担任了宰相,又分别掌握了各要害部门。如以宿将范希朝为左右神策京西诸城镇行营兵马节度使,而令韩泰为行军司马,李位(亦集团中人)为推官,意欲夺取宦官的兵权。又以宰相杜佑兼度支使、诸道盐铁转运使,而由王叔文自任副使,韩晔、陈谏、刘禹锡、凌准判案。这就把财政大权抓了过来。

人事的任免还包括:罢去浙西观察使李锜兼领的诸道转运盐铁使之职,贬斥原京兆尹李实,拒绝藩镇韦皋兼领三川的无理要求，下令调回被贬逐的陆贽、阳城等人。此时被罢逐的都是民愤很大的贪官，被调迁的则是公认的贤臣。

他们还发布了一系列政令：罢去人民痛恨的宫市和五坊小儿，裁减宫中闲杂人员，放出宫女三百、教坊女乐六百，重申除两税外"不得擅有诸色榷税；常贡外不得别进物钱"，禁绝诸道州府的"羡余""月进""进奉"等额外贡献，免除百姓积欠的课税租赋，等等。

应该承认，这些改革措施对于加强唐王朝的统治和缓解社会矛盾是有利的。历史记载肯定了某些措施出台后"人情大悦""市里欢呼"的效果（韩愈《顺宗实录》），史论家也称赞他们"革德宗末年之乱政，以快人心、清国纪，亦云善矣"（王夫之《读通鉴论》）。

但是，王叔文等人的改革还是以失败告终，历史上改革者的下场往往很悲惨。顺宗去世，宪宗即位，朝堂形势立刻翻转。他们被一贬再贬，发配到远离政治中心的边远蛮荒之地，如王伾贬为开州司马，王叔文被贬渝州司户，韦执谊被贬崖州司马，韩泰为虔州司马，陈谏为台州司马，柳宗元为永州司马，刘禹锡为朗州司马，韩晔为饶州司马，凌准为连州司马，程异为郴州司马。他们就是著名的"二王八司马"。革新失败,他们被逐出朝廷,有的很快就在贬所死去;有的历经多年沉沦,才总算有机会回到中原和朝廷。如刘禹锡,曾这样叙述其坎坷经历和深深感慨:"巴山楚水凄凉地,二十三年弃置身。怀旧空吟闻笛赋,到乡翻似烂柯人。沉舟侧畔千帆过,病树前头万木春。今日听君歌一曲,暂凭杯酒长精神。"(《酬乐天扬州初逢席上见赠》)他能够熬过来,可真是不容易!

二王刘柳们革新失败的原因何在呢?最根本的,是在于改革派所触动的既得利益集团势力太大,改革派与保守派力量对比悬殊。

改革派虽然上有顺宗支持,但孤家寡人的皇帝实际掌握在宦官手中,所以一旦宦官利用顺宗病重(这是实情),促使太子李纯管理军国政事,而李纯又并不同情二王刘柳,形势便立刻逆转,改革也就马上失败了。

皇帝是宦官手中的一张王牌,然除此以外,他们也自有足够的实力对抗改革派。范希朝、韩泰前去接管由宦官掌握的神策军,早已得到大宦官通知的诸将根本不来参见,更不用说拱手交出兵权。王叔文被任命为户部侍郎,大宦官俱文珍等就奏请削去其翰林学士之职,这样王叔文成了外朝之官,反而不易接近皇帝,实际上被削减了权力。

藩镇握有重兵，最喜朝廷庸弱，以便长期维持现状，故反对改革更为起劲。剑南西川节度使韦皋兼领三川的要求被拒绝，因而与王叔文有隙，带头攻击；荆南节度使裴均、河东节度使严绶也紧跟着上表威胁。他们在拥立李纯以取代顺宗这一点上与宦官搞起了统一战线。

朝中的耆旧老臣，除极个别的如杜佑不反对改革派掌权外，绝大部分都公开宣布与之不两立。宰相贾耽、高郢、郑珣瑜均以辞职相要挟，韦执谊的岳父杜黄裳更倚老卖老，当面予以斥骂。

就连刘禹锡、柳宗元的好友韩愈，对革新也很不理解。请看他的《永贞行》：

> 君不见太皇谅阴未出令，小人乘时偷国柄。北军百万虎与貔，天子自将非他师。一朝夺印付私党，懔懔朝士何能为？狐鸣枭噪争署置，睒睗跳踉相妩媚。夜作诏书朝拜官，超资越序曾无难。公然白日受贿赂，火齐磊落堆金盘。元臣故老不敢语，昼卧涕泣何汍澜！

这里的"太皇"指顺宗，他一向身体欠佳。所谓"小人"

指的便是王叔文等人。照韩愈诗的说法，是二王趁顺宗病重窃取了朝廷大权，胡作非为，简直是一伙狐群狗党。韩愈的立场明显站在反对改革的"元臣故老"一边。

贞元二十一年（805）八月，顺宗因病风口不能语，被迫禅位于太子，同时改年号为永贞，这就是所谓"永贞内禅"。王叔文等人的改革也因此被史书称为"永贞革新"。这次改革运动至此已到尾声，改元即标志改革失败，二王刘柳诸人随即遭到贬逐与杀害。如前所述，王伾贬开州，旋病死于贬所；王叔文贬渝州，次年被赐死。刘、柳等八人先贬远州刺史，续贬远州司马。韩愈《永贞行》即作于事件发生之后。

值得注意的是韩愈对永贞革新的指责，重点完全落在一个"权"字上。"偷国柄"，窃弄国家大权之谓也。以下分别攻击了改革派之夺兵权、夺人事署置之权等项，尤其着重于后者。大概最使韩愈不能容忍的便是"夜作诏书朝拜官，超资越序曾无难"，用现代语来说就是坐火箭式升官。这可以说攻击到了关键之处，也透露了韩愈潜藏的心事。

二王刘柳欲推行自上而下的改革，手中无权自然无从谈起。但他们资历太浅，压在头上的"婆婆"太多，即使"超资越序"，一时间也难以真正把持"国柄"。对于改革派来说,是"超资越序"得远远不够,但在本来地位与之仿佛的韩愈看来已经难以接受,更不必说那些"元臣故老"了。

问题在于,"权"一方面是一种力量,一方面又是一种利益;有权便是有力,同时也就有利。权、力、利三者是无法分割的整体,韩愈与改革派的分歧、对他们的误解,以及在诗末的忠告"嗟尔既往宜为惩",都是来源于此——改革派为使改革有力而夺权,韩愈认为他们为牟利而夺权。动机与理解不一,但改革的第一步是夺权,这却是无可回避的事实。

如果二王刘柳们确实是为振兴唐室而改革,那么应该从宪宗元和时期的政绩感到一定程度的慰藉。宪宗虽然不肯赦宥他们,但在削藩、蠲免租税、出宫人、绝进奉、禁止掠卖奴婢、广开屯田以省军费、省内外冗官闲员等方面,都取得明显成绩,特别是平定藩镇刘辟、李锜、吴元济、李师道等可以说做了刘柳们想做而未做到的事,只有抑宦,宪宗无力也不想去做。这也反过来证明:二王刘柳推行的种种革新措施确有其历史的必要性和进步性。

宫内的战争:甘露之变

唐中期以后,宦官逐渐专权。清代史学家赵翼说:

> 东汉及前明宦官之祸烈矣,然犹窃主权以肆虐天下,至唐,则宦官之权反在人主之上,立君、弑君、废君,有同儿戏,实古来未有之变也。(《廿二史札记》)

唐代皇帝中,宪宗、敬宗是被宦官杀死的,穆宗、文宗、武宗、宣宗、懿宗、僖宗、昭宗都是由宦官所立,由此可见宦官势力之大。

也不是没有皇帝想治一治宦官,但大抵只是惩办个别人,并未根本解决问题,更没有从制度的角度来考虑问题。

当然也有对宦官不满，甚至想从宦官手中夺权的朝臣，这就形成了所谓南衙北司之争。南衙指朝官，北司指阉寺。甘露之变就是南衙北司之争的一次大爆发。

唐文宗是一个受够了太监摆布的庸弱之君。大和七年(833)他得了风疾，太监王守澄荐郑注为他诊视，病有好转，郑注因而得宠。次年，郑注引荐李训。李训"形貌魁梧，神情洒落"，在文宗面前宣讲了一套"欲先诛宦竖，乃复河湟，攘夷狄，归河朔诸镇"的宏伟计划，使文宗欣喜非常，把他视为"奇士"。

慢慢地，文宗把自己的心事向李、郑二人透露，二人遂以诛灭宦官为己任。文宗也就超速地提拔二人。到大和九年(835)，李训已经升任宰相，郑注则为凤翔陇右节度使，掌握了一支军队，但因二人与宦官本来有着深厚的渊源，他们的超升一时并未引起宦官警惕。

他们紧张地活动起来。由于看到两个握有实权的大宦官王守澄、仇士良之间有矛盾，他们便出主意，提升士良而分守澄之权。接着又让文宗找个借口赐守澄饮鸩而死，同时还赐死了好几个宦官。拟议中的计划是，趁神策军中尉以下的宦官集中到浐水为王守澄送葬时，由郑注突出奇兵将他们一网打尽。计议停当，郑注马上赶到凤翔驻地去做准备。

谁知这时李训打起了小算盘。他现在的地位比郑注高,不愿事成之后,郑注得了头功。怎么办? 李训思之再三,觉得只有提前发动,抢先成功。

　　于是李训布置有关的手下人,设下了一个阴谋。《资治通鉴》卷二四五的叙述大致如下:

　　十一月壬戌(二十一日)早朝,文宗临紫宸殿,百官班定。照理金吾将军应该奏报左右厢内外平安。但这一天值班的韩约却不报平安,奏道:"金吾左仗院石榴树夜来有甘露降下。"也就是说发现了一个祥瑞。于是李训煞有介事地率百官称贺,并劝文宗亲往观之。文宗表示同意,让百官退班于含元殿,自己则乘软舆升含元殿,并遣宰相、两省官先去看一下。李训等人去了好久,回来说:"那甘露似乎不是真的,不宜宣布,免得天下称贺。"这回轮到文宗煞有介事了,他顾谓神策军中尉仇士良、鱼志弘,要他们率太监去鉴定一下。仇、鱼遵命去了。

　　进行到这里,一切顺利。宦官一走,李训忙召唤事先同谋的河东节度使王璠、邠宁节度使郭行余,让他们带兵上殿接受敕命。但是王璠吓得股栗不敢前,邠宁的兵又未到。

　　此时前去观看甘露的仇士良等却已经发现了蹊跷:带

他们去金吾左仗的韩约紧张得变色流汗，一阵小风吹起帷幕又露出了许多甲兵。警惕性很高的仇士良等人立刻回奔含元殿。预谋的捕杀搞不成，只好在大殿兵戎相见，斗个死活了。

李训手下的乌合之众哪里是训练有素而且处于生死关头的宦官对手？很快，皇帝落入宦官手中，被抬进了宣政门，大门也紧紧地关上了。胜券在握的宦官高呼万岁，原来蒙在鼓里而这时被突然事变吓懵了的百官一哄而散，李训知事不济，也脱了宰相公服，穿上一件小官的绿袍走马逃命去了。

于是一场血腥的大屠杀开始了。"士良等命左右神策副使刘泰伦、魏仲卿等各帅禁兵五百人，露刃出阁门讨贼"。没有逃出宫门的"六百余人皆死"，"诸司吏卒及民酤贩在中者皆死，死者又千余人。横尸流血，狼藉涂地。诸司印及图籍帷幕器皿俱尽。又遣骑各千余追亡者，又遣兵大索城中"。宰相王涯、贾悚、舒元舆以下十余家，皆遭族诛。长安城里一片恐怖。

李训倒是只身逃到了终南山，一向与之友善的宗密和尚想为他剃度以救之，手下人不同意。李训再次出奔，为吏所捕，斩首送京师。郑注在凤翔也被监军张仲清所杀，受牵累而死者千余人。

这就是所谓的"甘露之变"。此后，宦官越发骄横，宰相根本无法施政，文宗也因预知李、郑之谋而被宦官嫉视，至于朝臣百官更被凌暴如草芥矣。

李、郑之谋的失败有其必然性。首先是力量对比悬殊，宦官手握重兵，李、郑准备却很仓促。其次是有限的力量还不能同心相协，李、郑之间还要猜忌争功，这就更加分散无力了。再其次，明知对手强大，故而采取阴谋手段，但谋略不周，缺乏多手应变措施，主要参与者私心太重，一旦事出意外，便只得束手待毙。

除了上述直接原因，还有更深远而重要的原因。那就是承担如此重任，李训、郑注本非其人。他们徒有野心而无政治原则，当初夤缘宦官爬上高位，并根据宦官旨意陷害过真正有志锄宦的宰相宋申锡，后来态度一变，契机全在窥知文宗心意，借此谋取更高权位。在李、郑得志期间，朝政被搞得乌烟瘴气："生平恩仇，丝毫必报。因杨虞卿之狱，挟忌李宗闵、李德裕，心所恶者，目为二人之党。朝士相继斥逐，班列为之一空，人人惴栗，若崩厥角。"（《旧唐书·郑注传》）如此排斥异己，窃弄威权，当然得不到广泛支持。即使侥幸成功，这种以谋取私利为真正目的的人掌权，朝政依然不会清明。李、郑虽然遭冤惨死，当时的政治家、诗人和后代绝大多数史家对他们却均无好评，原因就在这里。

还有一个最根本的原因。宦官是宫闱制度的必然产物，皇帝后宫一天也离不开这些刑残之余、生理与心性均有所变态的奴才。当统治者倦于政事或因生于深宫、长于妇人之手而缺乏威权，既不信任文臣又难制伏武将时，此辈就必定狐假虎威，窃柄弄权，成为附着在王朝核心部分的毒瘤巨痈。这时候再想根除它就太难了。唐朝典禁兵、预朝政的宦官被彻底剪除，是在昭宗天复三年（903）朱温用崔胤之言大杀太监。次年朱温又将皇帝身边的击球供奉、内园小儿等杀了个精光。宦者是荡灭了，唐朝也到了它的末日。这正如《新唐书·宦者传》所说："灼火攻蠹，蠹尽木焚。"毒瘤巨痈和它所依附的肌体只有同归于尽这一条路。

中晚唐官场现形记:朋党之争

古代中国,最反朋党。所谓"君子群而不党,小人党而不群",是儒门教人的信条。而"朋比为奸",则是很难听的罪名。

然而实际上,朋党之争又是古代官场的顽症、痼疾。唐朝自始即有,至中晚期则尤剧。

吕思勉《隋唐五代史》述德宗朝杨炎、刘晏之争时,论曰:

> 唐代党争,人徒知指目牛、李,而不知其由来甚久。褚遂良与刘洎,李林甫与李适之皆是也。此等争阋,实无纯是纯非,而修史者亦不能不涉党派,有偏

见，故所传之语，或多不可信。读史者于此当详考始末，就事论事，各判其是非；不则信以传信，疑以传疑；不能随声附和，亦不应力求翻案也。

这是一种很明达的态度，可以帮我们避免不少偏见。

朋党之争既为官场中事，且不是一般官僚而是高级官僚甚至为宰相间事，因此所争自然往往与政见有关。但不能认为，凡政见有所不同者，便是分朋立党了。既称朋党，需有一个最基本的条件，那就是必定与人事发生关系。同属一党，政见容或有某些差异，人事关系却必须亲近乃至亲密；反之，在人事关系上紧张甚或决然对立者，则无论政见有多少共同点，也终究成不了一个朋党中人。质言之，所谓朋党之分，其真正起因或曰根据，既在于各人主观方面思想、气质、性分之有别，也在于客观方面他生来属于哪个社会圈子。物以类聚，人以群分，同声相应，同气相求，自然界如此，人类亦然。而由家族、亲朋、师友织成的社会网络，其制约力也极为巨大，有时几乎是无法抗拒的。

这样就造成了朋党之争错综复杂、是非夹缠、优劣互见的情景。读史者不宜对对立的朋党作简单裁决，而应对卷入党争的每个成员以及他们的每一个相关行为作实事求是的具体分析,尤其需要看到表面政见之争背后的人事关系。

《旧唐书·玄宗纪》:开元十五年(727)二月"己巳,尚书右丞相张说、御史大夫崔隐甫、中丞宇文融以朋党相构,制说致仕,隐甫免官侍母,融左迁魏州刺史"。三位大臣因朋党之争都遭了处分。

这是怎么回事呢?

原来前一年四月,宇文融、崔隐甫和也是御史中丞的李林甫就联名上疏,劾张说"引术士王庆则夜祠祷解,而奏表其间;引僧道岸窥伺时事,冒署右职;所亲吏张观、范尧臣依据说势,市权招赂,擅给太原九姓羊钱千万"(《新唐书·张说传》)。为此,张说吃了一场官司,住宅被金吾兵包围,他本人下了大牢,关押听审期间弄得"蓬首垢面,席藁,家人以瓦器馈脱粟盐疏,为自罚忧惧者",他哥哥则诣朝堂割耳呼冤。最后总算查明他无罪,但还是罢了他中书令之职,而术士王庆则等则被斩首。这可以说是张说和宇文融党争的一个回合。

宇文融等上告劾奏张说,看似出以公心,其实是积怨的发泄。他们的目的是要搞倒张说,置他于死地。

事实上他们的仇恨由来已久。张说受到玄宗器重，开元十三年（725）泰山封禅后他任尚书右丞相兼中书令，可谓权高势重。这时他的弱点便充分暴露出来。《资治通鉴》说他"有才智而好贿，百官白事有不合者，好面折之，至于叱骂"，也就是独断专行、骄横霸道。他不喜欢宇文融的为人，从而对宇文融提出的建议不管对错总是加以否决或压制，双方矛盾愈来愈深。其实，同样的建议倘由旁人提出，张说未必会断然排斥的。

这就是朋党之争的重要特点。一般说来，皇帝非常讨厌朝臣的朋党之争。在矛盾纠葛、是非难断之时，往往采取各打五十大板、和稀泥的办法来处置。这样，也许可以暂时压抑党争、平息纠纷，但并不能根本解决问题。而有些问题涉及国家重大利益，朋党之争就会给政治军事带来严重损失。例如后来唐文宗大和五年（831），镇守西川的李德裕奏请收复吐蕃所陷的维州，形势对唐十分有利，而在朝为相的牛僧孺却顽固地不予同意，关键也在这里。说穿了，牛僧孺反对的并不是收复维州这件事，他竭力反对的仅仅是李德裕这个人，凡这个人要做的事，他就一定要反对，因为他们分属两个朋党。《旧唐书·李德裕传》叙此事云"僧孺居中沮其功"，可谓得实。牛僧孺出于私心，用各种冠冕堂皇的理由否定了李德裕的建议，害得地理位置极端重要的边城维州得而复失，一心投奔唐朝的吐蕃将领悉怛谋等多人惨遭杀害。这对唐朝无疑是十分不利的。十多年后，到唐宣宗大中三年(849)，牛党中坚杜悰镇守西川，在条件许可时便毫不迟疑地收复了维州，他并未坚持牛党魁首的既定政策而做了李德裕想做而未做成的事，其时执政的牛党人物白敏中、令狐绹也不见有何异议。朋党人物就是这样"以人划线"而无原则可言。

再回到张说、宇文融之争上来。张说卸去中书令之职，退居集贤院专修国史，但宇文融等仍没有放过他。他们怕张说东山再起，于是"数奏毁之，各为朋党"——看来宇文融党攻势凌厉，而张说及其党羽也是有所动作的。这才引起前面所引的玄宗制命，干脆让斗个不休的两党头目统统下台。几年以后，张说去世，这场纠缠多年的党争才告结束。

朋党之争往往要到党魁死去才会停止，牛李党争也是一例。但也有一代代传下去反复拼杀的，所谓"杨炎为元载复仇，卢杞为刘晏报怨"(《旧唐书·韦处厚传》)，就是这种情况。

元载为代宗朝宰臣，其执政有功有过暂不细论，这里只说他结党营私的一面：

"门庭之内，非其党与不接，平素交友，涉于道义者悉疏弃之。"大历十二年（777）事败，"命吏部尚书刘晏讯鞫"。刘晏谨慎，"以载受任树党，布于天下，不敢专断，请他官共事"。审判结束，敕命赐元载自尽（《旧唐书·元载传》）。

杨炎是元载的亲信，"载败，坐贬道州司马"，德宗朝又被用为宰相。杨炎也自有他的才具和政绩，但同时又有"专意报恩复仇"的特点。他最恨的人是审劾元载的刘晏。于是先罢刘晏之职，削其权，继令人诬刘晏谋逆，"杀之，妻子徙岭表"（《旧唐书·杨炎传》）。其间双方曾发生过一系列政治经济政策方面的论争，但要害则在于借论争对人进行处理。政见之争随时都有，即使一时没有也有别的文章好做，而始终如一的目标则是不择手段地把对手搞下去，此之谓党争。

德宗渐渐对"酬恩报怨，以私害公"的杨炎不满起来，便提拔了卢杞。卢也不是个善类，立刻拉帮结派，利用杨炎的民愤，制造其"有异图"的谣言，终于使德宗下诏贬炎为崖州司马，并在杨炎前往崖州途中将他赐死。

皇帝都痛恨朋党，但就是拿它没办法，以至于唐文宗痛心地说:"去河北贼(割据的藩镇)易,去朝廷朋党难。"当然前者并不真容易,只是强调后者更难而已。朋党之争与宦官专权、藩镇割据相互纠缠,三者都是唐政权的致命疾患。

唐末政局一瞥

唐朝二百九十年的统治，若以安史之乱为界可以分为前、后两期；或者分为四段，即初、盛、中、晚（亦有将中唐分属盛、晚而称"三唐"）。

习惯上将唐文宗大和年号（827）作为晚唐的开始，但其实不妨略微推前一点，从唐敬宗的宝历年号（825）算起。敬宗、文宗、武宗均是唐穆宗李恒的儿子，在大宦官的操纵下，他们三个人兄终而弟及。如果将唐朝中兴之主宪宗之子唐穆宗的长庆（821—824）年间当作中唐之尾，而将此后算作晚唐，还是比较合适的。

从敬宗宝历元年（825）到哀帝天祐三年（906）朱温篡唐，晚唐总共有八十年左右。这是一条百足之虫逐渐僵死而至于解体消灭的过程。

唐敬宗李湛是个只知享乐的顽童，即位时才十六岁，政治上无所作为，登基仅二年即被害于宦者，不明不白地死去。

文宗李昂是穆宗次子、敬宗之弟，由宦官王守澄等拥立。此人私德尚好，比较节俭，也想整顿吏治、抑制阉寺。可惜均未获得成功。朝廷牛李党争不息，使他喟叹"去朋党"比"去河北贼"（平定割据自雄的河朔三镇）还难。而佞人李训、郑注谋诛宦官又徒然引起一场甘露之变，百官愈益战悚畏缩，阉宦愈益暴横恣肆，他也痛心地自比周赧、汉献（历史上两个受制于臣仆的羼主）。

唐武宗李炎（原名瀍，后因病改名）是穆宗第五子，由宦官仇士良等迎立。他虽然酷信道教、贪食金丹，而且性格刚愎，却有一点好处，就是能够专任宰相李德裕。德裕既富才干，又秉大权，在会昌年间（841—846）惨淡经营，确也颇有政绩，诸如抑制宦官、平定泽潞、抚讨回纥等。但是武宗在位仅六年，武宗一死，政权落到皇太叔李忱手中。

宣宗李忱是唐宪宗第十三子、穆宗李恒的弟弟，因是庶出，一向受到歧视，韬晦多年而终登大宝，心理不免变态。他的施政方针是"务反会昌之政"，即否定他的侄儿唐武宗时期的一切，针锋相对地另搞一套。如武宗灭佛，他便兴佛；武宗重用李党，他便重用牛党；武宗时德裕颇压抑进士科，他便特重进士，甚至自称"乡贡进士李道龙"，等等，不一而足。而干得最起劲的一件事，则是将敬、文、武三宗撵出宗庙，以便让他自己与哥哥穆宗并列而直接继承宪宗。

旧史对宣宗颇多褒美之辞。如《旧唐书·宣宗本纪》说他勤政节俭，善于听察，"虽汉文、景，不足过也"。又云："当时以大中（宣宗年号）之政有贞观之风焉。"唐宣宗甚至有"小太宗"的美誉。

然而他的毛病也是明显的。"宣宗精于听断，而以察为明，无复仁恩之意。呜呼，自是而后，唐衰矣！"《新唐书·宣宗本纪》赞语这样说。"卫嗣君之聪察，不足以延卫；唐宣宗之聪察，不足以延唐。"《资治通鉴》的注释者胡三省说得更明白。一个只靠个人聪明而猜忌群臣、专门任用庸懦而打击贤能的君主，怎么可能扭转唐朝的危局呢？

《新唐书·逆臣传》对大中之政的评价就更鲜明尖锐了：

　　唐亡，诸盗皆生于大中之朝，太宗之遗德余泽去民也久矣，而贤臣斥死，庸懦在位，厚赋深刑，天下愁苦。

唐宣宗为唐朝之亡准备好一切条件，他以后的皇帝更是一个不如一个。懿宗李漼荒淫佞佛，遣使诣凤翔法门寺迎佛骨，所费远超元和时。所用诸相皆碌碌之辈，咸通年间（860—873），农民起义开始出现，以浙东裘甫和庞勋所率桂林戍卒的起义为较大者，至于像怀州饥民逐刺史刘仁规、陕州百姓逐刺史崔荛之类事件则更经常发生。僖宗李儇即位时仅十二岁，完全是宦官手中的傀儡。大宦官田令孜每天只是教他与内园小儿狎昵，斗鹅走马，滥耗钱财，而将大权操控于自己手中。于是寰内骚动，民穷无告，爆发了十年之久的黄巢大起义。其间（即广明元年，880）长安一度陷落，僖宗在田令孜挟持下逃往成都。

据说继僖宗之位的昭宗（懿宗子）倒颇贤明，很想有所作为。无奈唐朝廷的实力和号召力均已枯竭，狂澜既倒，回天乏术矣。农民起义既已彻底摧毁李唐的统治基础，野心家、军阀们眼看唐朝分崩离析在即，无不加紧巩固地盘、扩充军备，准备一旦可能便逐鹿中原、争夺天下。

当时最凶恶而强大的，有农民起义的叛徒朱温，沙陀人首领李克用。朱温降唐后改名全忠,手握重兵,利用朝官崔胤与宦官韩全海等的矛盾,杀死大批宦官,挟持昭宗。随后杀死昭宗,假惺惺地立其子、十三岁的李柷为帝。三年以后废李柷,朱温改名朱晃,自立为皇帝,国号梁。唐朝正式灭亡,历史进入五代十国时期。

早在唐文宗开成年间(836—840),诗人李商隐就在一首《咏史》诗中敏感地悲叹:

> 运去不逢青海马,力穷难拔蜀山蛇。

对于唐朝的现状与未来充满忧虑与感伤。这位生平坎坷的诗人,一向被视为李唐王朝最早、最沉痛的哀挽者,以至于他另一首本来没有具体寓意的即景抒怀小诗《乐游原》,竟被公认为是对晚唐政治形势的最佳概括:

> 向晚意不适,驱车登古原。
> 夕阳无限好,只是近黄昏。

这大概就是阅读鉴赏中“作者未必然,读者未必不然”的现象吧。

黄巢起义

黄巢大起义不但是唐朝历史上的大事,也是整个中国古代史特别是农民战争史上极著名的事。

这次农民起义为何如此著名呢?

首先当然因为它是唐代历史上规模最大、历时最长的一次起义。

如果从王仙芝于长垣(今河南长垣)起事的乾符元年(874)年底算起,到黄巢自刎于泰山狼虎谷的中和四年(884)七月,整整经过了十年。唐朝没有哪一次农民起义比它坚持的时间更长。

与此相关,它给予唐朝廷的打击也最大,几乎可以说是毁灭性的。

在这十年中,起义军先纵横于山东、河南一十二郡,后转战于江西、淮南、浙东并攻克广州,最后又挥师北上,连陷洛阳、潼关,直捣李唐王朝的心脏长安,逼得唐僖宗仓皇出逃。

进入长安后,黄巢称帝,国号大齐,改元金统。虽然由于起义军犯了一系列错误,又被迫在唐军反攻下退出长安,但大齐毕竟是农民起义军建立的一个新政权,标志着唐王朝的末日快要来临。黄巢死后仅二十二年,他原先的部将朱温就篡唐自立为梁帝了。黄巢起义对唐王朝以及对历史进程的影响可以说是不可估量的。

其次,因为这次起义的领导人黄巢是个不第秀才,因而其行动方式颇具此前一般农民起义所没有的特点。

比如他们十分重视舆论宣传,乾符六年(879)冬,义军拟自广州北伐,即发表文告,宣布将向关中进军,指斥唐朝种种积弊,如宦官专权、朝纲不振、贿赂公行、对百姓刻剥无度等,同时宣布义军禁令,禁止地方官殖产犯赃,违者重罚以至处死。这一系列工作成效显著。

北伐过程中,宣传攻势一直先行。除向广大民众,更向唐朝各镇兵将转牒:"本军将入东都,到京师问罪于皇帝,与你们无涉,可守垒勿动,莫犯我兵锋。"果然因此大大减少阻力，迅速攻下长安。而入城之前，又向贫民散发财物，遣大将尚让向群众宣讲："黄王起兵，本为百姓，非如李氏不爱汝曹，汝曹但安居无恐。"从而使长安居民倒向起义军。

又比如，他们能够容纳知识分子，对唐朝降官降将采取区别对待的政策。除了对极个别的顽固文人如福建处士周朴不得不处死外，尽量予以争取利用。攻入长安后，原唐朝四品以下官多予留用，著名文人皮日休被任命为翰林学士。与他们对皇族公卿贵官豪富的严惩滥杀相比，尤可见出对知识分子的优容。

凡此种种均表明黄巢起义至少在某些方面有较高的政策水平。

黄巢起义之所以有名的第三个原因，窃以为与它跟文学发生关系分不开。

众所周知，黄巢落第后曾写过一些舒泄愤懑的短诗（如《菊花诗》）。当时未必流传多广，但后来的读史者却似乎从中较多窥见了这位"冲天大将军"的心灵，使一般知识分子尤其是其中的落魄者感到较为贴近而亲切。

在舆论宣传中，他们巧妙利用了民间歌谣，像"金色虾蟆争努眼，翻却曹州天下反"之类，使文学成为鼓动革命的绝好工具，有力地扩大了起义的声威和影响。

最有名的自然还要数韦庄那首长达一百十九联、一千六百六十六字的叙事诗《秦妇吟》。黄巢攻占长安之年,韦庄正在京师应举,因病陷于城中,遂耳闻目睹义军种种行为。他平生崇慕杜甫,本着杜甫"诗史"精神创此长诗,借一"陷贼经三载"的女子之口,详尽描述了长安及河南一带在起义军控制下,在义军、官军拉锯战中的状况。固然由于作者的立场,诗中对义军颇多谩骂丑化之词,如称之为"贼",又如写黄巢大齐朝廷的百官:

> 衣裳颠倒言语异,面上夸功雕作字。
> 柏台多士尽狐精,兰省诸郎皆鼠魅。
> 还将短发戴华簪,不脱朝衣缠绣被。
> 翻持象笏作三公,倒佩金鱼为两史。
> 朝闻奏对入朝堂,暮见喧呼来酒市。

但对官军也有所揭露,不曾回避。如借新安老翁之口云"千间仓兮万丝(斯)箱,黄巢过后犹残半",而"自从洛下屯师旅(官军)"之后,竟致"罄室倾囊如卷土""家财既尽骨肉离",则无异指斥官不如匪。

据说《秦妇吟》在当时即极负盛名,韦庄因此被誉为

"秦妇吟秀才"。但因其触犯忌讳——或云"内库烧为锦绣灰,天街踏尽公卿骨"二句使"公卿垂讶"(《北梦琐言》),或云避难之秦妇有进入官军因而涉及韦庄所事新朝(王建所建之前蜀)宫闱隐情之嫌(陈寅恪《韦庄〈秦妇吟〉校笺》)——遂由作者本人出面禁止此诗流传。今日所见之本还是从敦煌石室文书中发现的。

然而,经过岁月的无情冲刷,大唐王朝和黄巢伟业均早已荡然无存,唯独《秦妇吟》不但终于重见天日,而且愈益辉耀。唐末那段风云变幻的历史,特别是那场惊天动地的农民大起义,借此才留下了真实生动的写照,才能更广泛更久远地留存于世间。

文成公主与弃宗弄赞

文成公主是唐太宗时某宗室之女。弃宗弄赞，又名松赞干布，是当时吐蕃的赞普（国王），他们二人的结婚是唐史，也是藏族历史上的一桩大事。

吐蕃，在长安之西八千里，本汉西羌之地也。其种落莫知所出，或云南凉秃发利鹿孤之后，《旧唐书·吐蕃传》这么说。延续发展下来，就是后来的藏族。

初唐时候，吐蕃已颇强大。弃宗弄赞"性骁武，多英略"，是吐蕃历史上的一位名王，有一部藏族古典文学作品《贤者喜宴》，对他的事迹功业有详细描写。

他的一个特点是钦慕中原文化。贞观八年（634）他派遣使者到长安朝贡，得知突厥、吐谷浑皆尚公主，便派人

"多赍金银，奉表求婚"，但是唐太宗没有同意。弄赞大怒，一面发兵攻打娶到唐朝公主的吐谷浑和党项诸羌，一面竟"率其众二十余万，顿于松州（今四川松潘一带）西境"，扬言"若大国不嫁公主与我，即当入寇"。结果果然在松州边境打了一仗，弄赞先胜后败，"引兵而退，遣使谢罪，因复请婚，太宗许之"。

贞观十五年（641），太宗以宗室女立为文成公主，令礼部尚书、江夏郡王李道宗（太宗同祖弟）主婚，持节送公主于吐蕃。弃宗弄赞亲自到河源迎接，对李道宗执子婿礼甚恭。

文成公主的仪卫、服饰及妆奁之丰美，使弄赞叹赏不已，他这才真正被中原高度发达的文明所折服，"俯仰有愧沮之色"。后来，他既得意又动情地对身旁侍臣说：

> 我父祖未有通婚上国者，今我得尚大唐公主，为幸实多。当为公主筑一城，以夸示后代。

弃宗弄赞不但"筑城邑，立栋宇以居处"文成公主，在公主影响下，还更多地引进中原文化。史载"公主恶其人赭面，弄赞令国中权且罢之，自亦释毡裘，袭纨绮，渐慕华风。仍遣酋豪子弟，请入国学以习《诗》《书》。又请中国识文之人典其表疏"。

文成公主笃信佛教，在吐蕃首府逻些城（今西藏拉萨）修建了小昭寺，又助赞普另一妃泥婆罗（今尼泊尔）尺尊公主修大昭寺，并将从长安带去的释迦牟尼像供于该寺。在藏族佛教中，她们分别被认作绿、白二度母（观音菩萨）的化身。

高宗初年，文成公主又"请蚕种及造酒、碾、硙、纸、墨之匠，并许焉"。这样，不但中土文明的成果传入吐蕃，而且工艺方法也传了过去，促进了吐蕃经济和手工业的发展。经济、文化的交流又进而加强了政治的纽带。高宗授弄赞为驸马都尉，封西海郡王，进封宾王，并允许刊刻弄赞石像，列于太宗墓昭陵的玄阙之下。

弃宗弄赞和文成公主先后死于高宗在位期间。此后，唐蕃之间有时发生战争，但也是打打停停，并没有断绝经济和文化的往来。例如长安二年（702），吐蕃赞普就遣使请和，武则天在麟德殿宴请，陈百戏于朝廷，使吐蕃使臣大开眼界，并进一步请求"亲观中国音乐"。到神龙元年（705），唐中宗又允许以所养雍王守礼女为金城公主嫁吐蕃赞普。当时赞普与公主都还年幼（赞普才七岁），过了三年才正式派左卫大将军杨矩为送亲使者护送公主去吐蕃。

这是又一次为了巩固民族关系的政治联姻，更是又一次大规模的文化交流。金城公主除带去珠宝锦缎等嫁妆无数，同时还带了杂伎诸工、龟兹乐、秦王破阵乐及多种乐器。由于吐蕃使者的请求，中华文化典籍如《毛诗》《礼记》《左传》《文选》等，也一起传入吐蕃。另一方面，吐蕃的土特产和手工艺制品，像名马、金器、玛瑙杯、零羊衫段之类，也随着进贡传入唐朝。

当然，和亲并不能彻底消弭边境的争端，两方都有些好战分子，也有实际利益的牵扯冲突。但和亲公主的存在，确是矛盾的缓解剂、和平的催化剂。

开元年间，唐玄宗喜边功，屡屡对吐蕃用兵，弄得两败俱伤。十八年(730)玄宗接受皇甫惟明的意见，派他以看望金城公主的名义出使吐蕃。正欲请和的赞普大喜，悉出贞观以来所得敕书，以示惟明。然后遣使随惟明入朝，其所上表，措辞尤为谦恭：

> 外甥是先皇帝舅宿亲，又蒙降金城公主，遂和同为一家，天下百姓，普皆安乐。……外甥以先代文成公主、今金城公主之故，深识尊卑，岂敢失礼。……如蒙圣恩，千年万岁，外甥终不敢先违盟誓。

不久，唐、蕃便在赤岭（今日月山，在青海湟源县西）"各竖分界之碑，约以更不相侵"。

金城公主死于开元二十九年（741），此后没有唐公主与吐蕃和亲的事。唐、蕃在西部边境和西域的争夺始终不断，但总的来说还是以友好情亲为主。

唐穆宗时，唐蕃双方疲于战事，再次讲和，立下一块《唐蕃会盟碑》。《旧唐书·吐蕃传》载录了它的全文，其要旨是：

> 中夏见管，维唐是君；西裔一方，大蕃为主。自今而后，屏去兵革，宿忿旧恶，廓焉消除，追崇舅甥，曩昔结援。边堠撤警，戍烽韬烟，患难相恤，暴掠不作，亭障瓯脱，绝其交侵。襟带要害，谨守如故，彼无此诈，此无彼虞。

此碑现存西藏拉萨大昭寺（据云碑文与《旧唐书》所载稍有不同，但和好精神无异，且有"社稷协同如一"这样的话），成为汉藏两族友好一家的历史见证。

南诏国始末

　　打开唐中期地理形势图，我们看到在唐朝北方有回纥、西方有吐蕃，各占去很大地盘，而在西南边，则有南诏，面积也不小。

　　南诏国之先为昆弥国或白国、建宁国，年系莫可推详。其民族组成，主要是乌蛮和白蛮。称之以"蛮"，是历史上对边疆少数民族带歧视观点的蔑称，用今天的话说，他们是西南地区彝语支各族的先民。唐人樊绰《蛮书》十卷（一名《云南志》）、两唐书《南诏传》、明人杨慎《滇载记》等均记载了南诏的历史情况。

　　"父子连名制"大概是南诏国最有趣的风俗习惯之一。所谓"父子连名"，即儿子名字的第一个字，由父亲名字的最末一字决定。于是南诏酋长蒙氏便形成这样一个有趣的世系：

　　　　细奴逻→逻晟→晟罗皮→皮逻阁→阁逻凤→凤伽异→异牟寻→寻阁劝→劝龙晟……

只要熟悉这个风俗，父子承嗣关系便可一目了然，不会弄错。

　　乌、白二蛮分布在今云南洱海周围及哀牢、无量两座大山地区。当隋末唐初，众多部落逐渐形成六个势力最大的"诏"（"诏"就是"王"的意思），称为"六诏"。其中又以蒙舍诏最强，贞观二十三年（649），蒙舍诏首领细奴逻自称"奇嘉王"，建"大蒙国"，并遣使入唐进贡。武则天时，其子逻晟亲到长安朝觐。到皮逻阁时，取得唐的扶持，统一六诏，迁都太和城（今云南大理南部太和村）。大历十四年（779），又迁阳苴咩城（今云南大理）。

　　早在开元二十六年（738），唐已赐皮逻阁名归义，封他为云南王，将宗室之女嫁给他，赐乐一部，而他也派孙子凤伽异入朝，受唐鸿胪少卿之职，留在长安学习中原文化礼仪。这段时间，唐与南诏关系很好。

天宝八载(749)，皮逻阁之子阁逻凤立，情形开始变化。一方面唐的守边大臣贪婪无度，一方面吐蕃对他拉拢怀柔，野心勃勃的阁逻凤遂叛唐而附吐蕃，做了吐蕃的"赞普钟"(吐蕃王之弟)和"东帝"。在此前后，则发兵攻陷唐的姚州，杀了唐的云南太守张虔陀，大败剑南节度使鲜于仲通和杨国忠派遣的讨伐军。但阁逻凤虽臣于吐蕃而与唐作战，仍立碑明志，谓反唐实非其本心。

安史乱起，唐自顾不暇，吐蕃、南诏自然乘机扩张，到凤伽异之子异牟寻时，南诏进入全盛期，疆土北抵大渡河以南，占有今云南全部、四川、贵州之一部，还曾联合吐蕃进袭唐西南重镇剑南西川的嶲州(今四川西昌)。

然而南诏毕竟是周旋于唐与吐蕃之间的小国。吐蕃统治者同样贪婪暴横，不断压榨南诏，令出兵赋，甚至驻军于其境，为异牟寻所难忍。而南诏又一向崇慕中原先进文化，受其影响很深。早在晟逻皮时已立孔子庙于南诏国中，凤伽异入唐多年，另外还有南诏王室、贵族子弟多人在长安或成都学习。异牟寻又重用被俘的唐西泸县令郑回为"清平官"(等于宰相)，使南诏在政治、军事、文化教育各方面都遵依唐制。在唐与吐蕃两强之中，南诏决定还是与唐友好结盟。贞元三年(787)，异牟寻遣人至成都，向剑南西川节度使求附唐。十年(794),异牟寻亲自到点苍山神祠与唐使者会盟,宣布与吐蕃绝交,唐封异牟寻为南诏王。

南诏当时处于奴隶制阶段,发动战争掠夺人口乃由其本性所决定,另一方面或许也因钦羡中原物质文明而生夺取之意,所以与唐边境的战事时有发生。最严重的一次是大和三年(829),南诏权臣嵯巅亲率大军侵蜀。当时的西川节度使杜元颖庸懦无能、玩忽职守,成都城毫无防备,见嵯巅攻来,只顾自己逃命。南诏兵入城,大肆掳掠抢劫,十日后退兵南回,带走子女、百工数万人,珍宝财物无数。在被掳掠的人中,有许多各行业的工匠。这批西蜀百姓被迫离开家乡亲人,从此沦为异族奴隶,其惨痛悲切之状不难想象。

唐人小说《吴保安传》讲到南诏掠卖人口的事。每名汉俘,要三十匹绢的赎金,而郭仲翔因是唐相郭元振之侄,索价竟高达千匹。他的友人吴保安舍家救之,经十多年努力才终于将其赎回,"仲翔至姚州,形状憔悴,殆非人也"。

违背大批汉人的意愿,用武力强行驱赶他们去南诏,这无疑是一种暴行。不过若从客观效果看,却对汉文化的传播,对南诏经济的发展、社会的进步起了积极作用。由于大批成都工匠在南诏从事生产、传授技艺,南诏手工技巧渐与蜀地相等。

　　南诏晚期统治腐败、战事频繁，郑回的七世孙郑买嗣利用民怨实行政变，夺取了政权，南诏宣告灭亡。从细奴逻开始，共十三王，历二百五十四年。

威泽远被:唐时的中外交往

    大唐帝国国力最强盛的时候,形势颇像以京师长安为中心的一块巨大磁石,通过几条主要的交通大道紧紧吸引着边疆地带的少数民族以及更辽远的属国和邻邦。

    《新唐书·地理志》第七篇下详细记载了唐设置羁縻州的情况,又撮要介绍了贞元(唐德宗年号)宰相贾耽考定的"入四夷之路与关戍走集最要者七:一曰营州入安东道,二曰登州海行入高丽渤海道,三曰夏州塞外通大同云中道,四曰中受降城入回鹘道,五曰安西入西域道,六曰安南通天竺道,七曰广州通海夷道"。这七条大道就是唐帝国连接邻邦(有的是远邻)、控制属国的"绳索"。所谓羁縻州,是唐为内附的少数民族部落设立的行政区划,由县、州、都督府、都护府四级组成，又称蕃州。

　　羁縻州府的都督、刺史、都护、县令，往往由各部落原来的首领担任，辖理原来部落（国）的领域，基本上是自治性质。各羁縻州与唐朝的关系疏密不一。密切的，情形与唐正式州郡无异；疏远的，只能算是偶有往来的属国，甚至叛唐自立或别属。

　　唐设的羁縻州数量很多，《新唐书·地理志》作过统计：

　　　　突厥、回纥、党项、吐谷浑隶关内道者，为府二十九，州九十。突厥之别部及奚、契丹、靺鞨、降胡、高丽隶河北者，为府十四，州四十六。……隶陇右者，为府五十一，州百九十八。羌、蛮隶剑南者，为州二百六十一。蛮隶江南者，为州五十一，隶岭南者，为州九十二。又有党项州二十四，不知其隶属。大凡府州八百五十六，号为羁縻云。

由此可见大唐声威恩泽播布之广远。

　　唐人具有开阔的心胸和眼界，具有豪迈的气度和魄力，所以他们非常关注中原、本土以外的辽阔世界，对各国各地的山川物产、民情风俗都极有兴趣。玄奘、辩机的《大唐西域记》、杜环的《经行记》、樊绰的《蛮书》就是记述这些内容的名著。这三部书都有今人详赡的校注，非常值得一读。

两《唐书》和《唐会要》对与唐发生关系的邻邦和属国亦均有介绍，记载了唐时中外交往的许多佳话，颇能反映大唐远被的威泽。

如叙林邑国自武德六年（623）便遣使来朝，以后几乎每隔二三年即来朝贡，与唐保持密切联系。太宗崩，诏刻其王范头黎石像列于玄阙前，使他得以永远侍奉伴随唐帝，这是给林邑国的一种恩遇。

如叙东谢蛮首领谢元深贞观三年（629）穿着民族服装：戴乌熊皮冠，金银络头，身披毛帔，韦皮行滕而着履，来到唐朝觐见。当时来朝的还有许多别国使节，唐遂画《王会图》以记录盛况。

如叙骠国（即古缅甸）国王在贞元年间中慕南诏之归附，乃于十七年（801）由南诏王异牟寻引荐，遣子舒难陀率乐工舞人来朝。他们所献的就是佛教意味浓郁的《骠国乐》，白居易《新乐府》曾立专篇描绘之。

对于东邻的高丽、百济、新罗乃至日本，由于关系更为悠久而密切,记载更为详细。如叙百济民俗"岁时伏腊,同于中国。其书籍有《五经》、子、史,又表疏并依中华之法",说明其自古与中国渊源极深。高丽、百济、新罗三国历来互相仇怨攻伐,唐朝则以宗主国地位从中调和,缓解了不少矛盾。

唐朝与西方的联系远达波斯、大食(阿拉伯帝国)和拂菻(东罗马帝国)。

由于战争与通商,中西文化得以交流。如天宝十载(751),唐将高仙芝进攻地处西域的石国,大食派兵援救,与唐军战于怛逻斯城,唐军败绩,俘虏中有织匠、金银匠、画匠若干,多种中国工艺技术遂西传大食。大食商人旅居中国者亦多,活动于广州、泉州、洪州、扬州等地,多者达数万。据云黄巢入广州,大食人被杀者便以万计。

发展中外交往的基础和后盾是自身的强大殷富。对于这一点,古人已很清楚:

> 但患己之不德,不患人之不来。何以验之?贞观、开元之盛,来朝者多也。(《旧唐书·南蛮西南蛮传》史臣曰)

> 开元之前,贡输不绝。天宝之乱,边微多虞。邠

郊之西，即为戎狄；藁街之邸，来朝亦稀。故古先哲王，务宁华夏，语曰"近者悦，远者来"，斯之谓矣。

（《旧唐书·西戎传》史臣曰）

财税何处来：均田制和租庸调

一定的经济生活，是社会民生的基本内容，也是每个政权维持统治的必要条件。

广大百姓要吃饭穿衣、生儿育女；在另一极，皇帝和拱卫他的庞大官僚阶层，以及后宫、眷属则要过锦衣玉食的奢侈生活。此外，国家要养兵，就要支付粮饷军费；搞外交，就需迎来送往、赠礼颁赐；办教育，则要建学校、给廪膳……这一切财政支出从哪里来？唯一的来源就是取之于民，从广大农民的贡赋租税中来。

唐初的赋税课役实行租庸调法，而其基础则是均田制——大体上继承北魏和隋以来的成法而更加细密化。

李唐建国之初，掌握了大量无主田地，于是一面将它们赏给功臣勋戚,一面留足公廨田、驿田、屯田,而将剩余部分按均田制分配给百姓。一般农户,每丁(男子十八岁以上、六十岁以下,不计妇女)受永业田二十亩,口分田八十亩,这是国家给予的。另一方面,国家就要向他们收取租赋、摊派劳役。租、庸、调三者就是当时的正税,此外还有户税、地税、杂徭役等。

租庸调都是按丁课税。每丁每年应纳粟二石,谓之租;纳绢(或绫、绝)二丈,绵三两,谓之调;每丁每年应服役二十日,不能服役则折收绢六十尺,谓之"输庸代役"。非产丝地,可以麻布代替。

每年八月,庸调绢开始收敛输送,由县而州,由州而京师,逐步集中;租粮则依各地收获早晚征收,十一月开始运送集中。租庸调成为唐朝税收和财政的主要来源。

杂徭,是临时的官差,摊派到谁,谁就得应工。户税是按每户所属等级(从上上至下下共分为九等)所交纳的税金。唐时户税税率屡变,呈渐增趋势。以第九等的下下户为例,玄宗天宝中每年纳钱二百二十文,代宗大历初已增至五百文。地税由隋代义仓纳粟制度而来,按每亩地交二升粟米的比率纳之,贮于本地州县。按规定,户、地二税上至王公,下至黎民百姓都需交纳,即使僧道和商贾、无地、少田户也不例外。

遇到天灾人祸，政府规定可以减免。比如，遇水旱虫霜成灾，收成十分损四以上，免租；十分损六以上，免调；损七以上，课役全免。

唐朝的官员在交纳赋税方面享有特权。他们虽然与平民百姓一样受有永业、口分之田，但向国家缴纳的却少于普通百姓。五品以上官及王公亲属其家按品级免除赋役，六品以下官，本人课役全免。他们的子孙则可以利用"色役"，即担任各种名目的职役来逃避课役。比如充当皇帝、亲王、太子的侍卫官，是五品以上官或勋官二品的子孙拥有的特权，一旦当上即可免除课役，满了一定年限还可铨叙做官，步入仕途。在王公、公主和五品以上官身边有一批叫亲事、帐内、邑士、防阁的人员，也享有类似特权。于是上行下效，各级官吏无不设置随侍骖从，而凡涉色役者，均可不同程度地免除课役。名目繁多的色役成为人们躲避赋税、正役、兵役和杂徭役的理想场所。很清楚，一部分人的特权必然使另一部分人的负担加重。特权者愈多愈滥，特权花样愈是层出不穷，广大百姓的日子便愈不好过。

但是对于农民来说，最可怕的还是土地兼并。虽说实行均田，但一般农户本来就受田不足，而皇亲国戚、大官僚、大太监则占田无数。史载太平公主"田园遍于近甸膏腴"；李林甫"京城邸第，田园水硙，利尽上腴"；"自黄蜂岭泊河池关，中间百余里，皆故汾阳王（郭子仪）私田"；卢从愿"占良田数百顷，帝自此薄之，目为多田翁"；李憕"丰于产业，伊川膏腴，水陆上田，修竹茂树，自城及阙口，别业相望。与吏部侍郎李彭年，皆有地癖"。宦官也不甘落后，"帝城中甲第，畿甸上田，果园池沼，（高力士等）中官参半于其间"。此外，一般地主豪商也拼命扩大田庄。政府虽屡次下令禁止，但毫无效果。

农民手中那一小片土地不断地被剥夺，为了谋生，只好反过来租田耕种，接受雇主和国家的双重剥削。

租庸调法的特点是只问身丁，不问资产。农民尽管丧失了土地，但只要你的家还在原地，就总是要承担原定份额的租庸调。这就逼得部分农民不得不逃离家乡，另谋出路。逃的逃掉了，政府却责成官吏勒令留下的农户分担逃户应纳的赋税、应服的徭役。结果，逃走的愈多，留下的愈苦，本来不想逃的，也只好弃家出逃了。

武则天时期这个问题已颇严重，狄仁杰上疏中有这样的话：

方今关东饥馑，蜀汉逃亡，江淮以南，征求不息，人不复业，则相率为盗。

逃户、浮客日增，课丁锐减，赋税不足，而无以为生的百姓中遂有不得不铤而走险者，经济生活的危机，给政治统治带来了威胁。

唐玄宗时发动了一场"括户"，即检查户口的运动，历时三年，查出寄居的客户凡八十万户和大量籍外剩田，重新编入簿籍，竭力把企图逃避租庸调法的百姓仍旧置于政府的管辖之下。

百姓脱籍亡匿，政府检查括户，这是一场严重而尖锐的斗争。这说明：由于均田制的破坏，租庸调法已经不适应当时的经济形势了。再不改革，那么财赋枯竭、经济崩溃乃至国家翻船，就都将成为现实。特别是经过安史之乱一场大震荡，矛盾暴露得更加充分。终于在唐德宗建中元年（780），朝廷正式宣布废除租庸调法，改行两税法。

两税法的利弊

两税法由唐德宗的宰相杨炎建议实行,于建中元年(780)正月五日颁布全国。但这个新的税收制度并不是突然产生的。

在实施租庸调制时,有户税、地税两种辅助税。户税的原则是按户等纳钱,地税的原则是按地亩交粮。地税的存粮,后来因韦坚创造的"变造法"而改为向京师输送轻货(钱帛),并且已分夏秋两季来征收。这些都已与两税法有相通之处。《旧唐书·杨炎传》较详细具体地介绍了两税法的内容。很显然,改行此法既是形势所逼,也有很好的用意。其基本原则是:

户无主客，以见居为簿；人无丁中，以贫富为差。

这就扩大了纳税面，从而使税收负担更为平均合理。原先那些"不课户"，即皇亲国戚、品官勋爵及其子孙们，现在也需按户等（贫富等级）纳税。还有许多浮户、客户、不定居的商贾，也都成为纳税户。以前不少官僚、富商，不在家乡置地，而到其他州县充作客户以逃避租庸调，现在不分土户、客户，一律征收两税，堵塞了一大漏洞。这对增加国家财政收入极有好处。而纳税标准改为"以贫富为差"，也多少对无地少产的贫苦百姓有利。

两税的总额，叫"两税元额"。唐朝制定这个"元额"，是将建中以前大历年间正税、杂税及杂徭按年度统统相加，取数目最高的一年为准。征收时分两种：一种是斛斗（收取谷物），按所占地亩摊征；一种是税钱，按户等高下摊征。总额数目既定，便不得改变，各州县必须严格遵守。

中唐时期一度紊乱不堪的税制，在两税法下得到统一和简省。对老百姓最有吸引力的还有这样的规定：除夏、秋两季的正税外，一切苛捐杂税全部停止，"其比来征科色目，一切停罢"，"此外敛者，以枉法论"（《唐会要·租税上》）。因此，虽然依两税法，税额不低，但百姓们都乐意接受，而且史书上也称赞不已。《旧唐书·杨炎传》说两税法推行后的情况是：

> 上（德宗）行之不疑，天下便之。人不土断而地著，赋不加敛而增入，版籍不造而得其虚实，贪吏不诫而奸无所取。自是轻重之权，始归于朝廷。

可是，再好的法也需由人来执行，倘执法者私心重、素质差，那么再好的法也会被糟蹋，也有空子可钻。

不是要按户等纳钱税吗？怎样划分等级便大有文章可做。既然一旦定下等级就难以改变，富户自然无不企求降等，为此而通关节、走门路者比比皆是，那么经手此事的官员以权谋私、收受贿赂便不可避免。

不是规定交税改用钱币来折合实物了吗？可是广大农民手中却只有谷米布帛。起初"钱轻货重"，农民拿出一匹绢换来的钱便可以缴足税额。后来一方面生产发展了，一方面国家铸钱不足又被豪富垄断，变成了"货轻钱重"。税额虽然未变，农民拿出的绢匹却要成倍增长才能凑够钱数，也就是负担成倍地加重了。从差价上落中得到好处的则是经手此事的官、商。

不是说两税之外另加一税即是枉法吗？但执行过程中，并未真正兑现。两税法实行第三年，淮南节度使陈少游请求在本道两税钱上，每千钱增收二百文。唐朝廷不但批准，而且令诸道参照执行。后来剑南西川节度使韦皋又奏请加征十分之二的赋税。这还是公开的、由朝廷准许的增加税额，各地以"进奉"为名的勒索则花样繁多，不可胜数。

苛捐杂税的范围愈来愈广，盐税、铁税本来就有，茶税也出现了。建中初，两税法刚实行，"天下所出竹、木、茶、漆，皆什一税之，充常平本钱"（《唐会要·杂税》）。到长庆年间，盐铁使又将茶税增加了五成。对于商人，又以平藩战争需要为名，添出"借商钱"的名目："（商人之本）钱出万贯者，留万贯为业，有余，官借以给军。"充作军费，说好等方镇之乱平定之后归还。在实际执行中，主事官督责峻急，而且扩大征收面，整个长安城如被盗贼洗掠，为之罢市。然而如此搜刮仍不能达到预定的指标，于是进一步扩大化，想出了征收"间架税""除陌钱"的绝招。间架税者，按民户住房间数分三等纳税，由二千文至五百文。除陌钱者，凡天下公私贸易，每做成一笔均按每贯（千钱）五十文纳税。即使是赠送给予或以物易物，也要折钱纳税。税法如此苛细，自然免不了有偷漏逃抗的，便又定出检举赏格和惩罚标准。弄到后来竟达到"通津达道者税之，莳蔬艺果者税之，死亡者税之"（《旧唐书·食货志》），几乎无往而不税。

有没有例外呢？有的，那就是"名登科第"之士或所谓"衣冠形势户"。他们都是进士科出身的大小官僚，不但自己合法地免除赋税徭役，而且往往成为土豪富户逃避赋税的保护伞。

制定两税法的，是唐朝政府；破坏两税法的，还是这个政府和它的各级官员，而老百姓却只有听任榨取宰割的份儿。说到底，任何法规都是用来对付老百姓的，这就是封建王朝的常规。

从长安到地中海：丝绸之路

从长安出发西行，经陇西道或河西走廊（今甘肃武威、张掖、酒泉、敦煌），出阳关，抵葱岭，翻过积雪皑皑的大山，度越广漠无垠的沙碛，便可以进入中亚。再继续西行，便到达西亚，乃至地中海沿岸各国，这样就把唐朝的国都和欧洲联系了起来。

这就是举世闻名的丝绸之路。

丝绸之路的名称虽是十九世纪七十年代才由德国地理学家李希霍芬提出，最初使用于其著作《中国》一书之中，但这条漫长的商旅途程却有着十分悠久的历史。

据说中国的蚕丝早在公元前四世纪已传到印度；公元前三世纪希腊、罗马因从中国获得丝织品而称中国为"赛里斯(丝)国"。如此说来,至迟在春秋战国时期,中国丝绸已有向西运销之通道。

汉朝君臣曾致力于西域的开发。汉武帝、张骞、班超父子等都是这方面有名的人物。南北朝时期,丝路依然畅通繁荣。北魏时,中亚各国来华商旅、贡使络绎不绝。到隋朝,隋炀帝享祚不长,但对经营西域也多所留意。

唐朝对于西域更是倍加关注。贞观九年(635),唐太宗派李靖等大将进击崛起于西北的吐谷浑,其王伏允自杀,其子孙臣服于唐。唐朝夺回并捍卫住了通往西域的通道——河西走廊。随后便连续用兵,取高昌、焉耆、龟兹,迫使称雄一时的西突厥向唐奉表称臣。于是唐朝在伊州、西州、庭州设立州县,在焉耆、龟兹、疏勒、于阗设四镇,归安西都护府管辖,后又设北庭都护府,辖理西域各地的羁縻州府。

太宗、高宗时期,唐对西域统治相当稳定。但咸亨年间吐蕃一度强大,安西四镇易手。武则天长寿元年(692),又夺回四镇。直到安史乱起,四镇才又落入吐蕃手中。然而恢复安西诸州,始终是唐王朝统治者的关注点,也几乎是历代史家评论唐朝政治与国力的关键处。

这一切的根本原因,就在于西域的得失直接关系着丝绸之路的安危畅阻，关系着古代中国国际贸易的衰荣通塞。

丝绸之路是一条通商贸易之路。中国生产的绫罗锦绢等高级丝织品、纸张、陶瓷以及各种金银器皿，源源向西输送。而欧洲、西亚的许多物产，如葡萄、棉花、名马、宝玉和工艺品则经由活跃的胡商传入中国。长安的东、西两市以及洛阳、扬州、泉州、广州等大都会，到处可以见到深目高鼻的胡商以及随商队前来的胡僧、胡姬。商业来往频繁，不但促进了生产，而且推动了文化的交流。华夏文化固然附着于精美的物质产品流向西域各国，西域文明乃至中亚、南亚的种种文化艺术（音乐、舞蹈、绘画、雕塑）、科学知识（天文、历算、建筑、医药），特别是宗教（从佛教到祆教、摩尼教、景教），也不断东来，渐渐融入并大大丰富了中华文化。

汉唐两代开拓、捍卫丝绸之路，实行对外开放政策，还吸引来西域许多有用之才。其中有源出安国的将军李抱真、抱玉兄弟，有源出于阗的著名画家尉迟跋质那、乙僧父子，有源出曹国、米国的音乐家曹保、曹善才、曹纲祖孙，米嘉荣、米和父子等，唐教坊、梨园中善歌舞的西域胡人极多。宗教方面，著名的释法藏（即华严宗三祖贤首大师），曾同玄奘、义净等一起译经，就是西域康国人。甚至连波斯萨珊王朝的后裔卑路斯父子，因为受大食侵略，国家发生变故，也东奔唐朝。唐朝任其为都督并曾助其恢复，未果，从此他终生居住在长安。

这是中国古代史上令人难忘的一页，也是永远值得记取的一页。因为正如鲁迅所说："一到衰弊陵夷之际，神经可就衰弱过敏了，每遇外国东西，便觉得仿佛彼来俘我一样，推拒，惶恐，退缩，逃避，抖成一团，又必想出一篇道理来掩饰，而国粹遂成为孱王和孱奴的宝贝。"在中国历史上，这孱弱的一页实在逗留得太久太长了。而频繁而自由的东西经济、文化交流，无论是对于播扬中华文明，还是使中华文明更加灿烂充实，均起着巨大的促进作用。这里，丝绸之路的存在与畅通，自然功不可没。

舶来珍宝:海上丝绸之路

　　与沟通欧亚的陆上丝路相对应,唐时南方海外贸易通道,远至今日之印尼、爪哇、婆罗洲、斯里兰卡和印度,常被学者称为海上丝绸之路。南海郡诸商埠,特别是广州,便是海上丝绸之路的重要登陆口岸。

　　早在开元初,为管理海商,便有"安南市舶使"之设,这就是后来势力很大的市舶司。

　　市舶使多由宦官担任,但管理办法却由节度使规定,市舶司这个衙门,属于节度使的管辖范围。正因为这样,节度使的廉洁与贪婪往往有更多的表现机会,而这对于中外贸易的兴衰也有着重大的影响。

　　先看一个著名的贪官。《旧唐书·胡证传》载:宝历二年(826)，胡证被任为广州刺史、充岭南节度使，"广州有海舶之利，货贝狎至。证善蓄积，务华侈，厚自奉养，童奴数百，于京城修行里起第，连亘闾巷。岭表奇货，道途不绝，京邑推为富家"。

这里提到"货贝狎至""岭表奇货"，具体是些什么东西呢？不妨参照另一个岭南节度使传记中写到的"外蕃岁以珠、玳瑁、香、文犀浮海至"（《新唐书·徐申传》），以及梁太祖开平年间（907—911）广州、福建的贡物龙脑、腰带、珍珠枕、琉璃、犀玉、香药、舶上蔷薇水、筒中蕉、郁金和杂色海味奇品等，便可大致推想得知。

唐广州刺史聚敛发财之法甚多。据吕思勉《读史札记》"唐代市舶"条概述，约有以下数种：

南海舶贾至，节帅优先做不等价交易："上珍而售以下直。"先官买而后听其与民交易，官买私买价格不同。这是明目张胆的掠夺和盘剥。"海商死者，官籍其赀，满三个月无妻子诣府，则没入。"这又是一重剥夺。后来孔戣将期限延至一年，已经算是很开明贤达的了。

多种名目的税收和勒索。《新唐书·孔戣传》云："蕃舶泊步有下碇税，始至有阅货宴，所饷犀琲，下及仆隶。戣禁绝，无所求索。"吕氏评曰："此等则如后世之规费，以馈遗之名取之,于法无所影附矣,虽禁岂能真绝?"

由于盘剥过甚,有时不免使海商视到华经商为畏途,以致大大减少来华的船舶。《新唐书·李勉传》载:在他担任岭南节度使之初,"西南夷舶岁至才四五",原因就在于前任长官过于"苛谨"而贪墨。李勉是个清廉之官,又不暴征,结果"明年至者乃四十余柁",几乎增长十倍。由此可见长官的廉贪与对外贸易消长的关系是何等密切。

李勉自己虽然廉洁自守,其家人照样有各种途径获取财宝。后来他奉调回京师,船行至石门,"尽搜家人所蓄犀珍投江中",因而博得好评。

文学家韩愈曾在一篇文章中描述过广州外商云集的盛况:

蛮胡贾人,舶交海中……外国之货日至,珠香象犀玳瑁奇物,溢于中国。(《送郑尚书序》)

日本人真人元开所著的《唐大和上东征记》有更形象而具体的记述:

(广州)江中有婆罗门、波斯、昆仑等舶,不知其数;并载香药、珍宝,积载如山。其舶深六七丈。师子国、大石国、骨唐国、白蛮、赤蛮等往来居住,种类极多。

海陆两条丝绸之路的畅通,吸引大批外国商人来华,当时笼统称之为胡商或贾胡。这些外国人的足迹几乎遍于中国,从通都大邑到穷乡僻壤,可谓无所不至。吕思勉《读史札记》引《旧唐书·邓景山传》和《田神功传》,谓上元元年(760),刘展在扬州叛乱,邓景山引田神功讨之,田纵兵大掠居人资产,鞭笞发掘略尽,商胡大食、波斯等商旅,死者达数千人。据此也可想见当时聚居于扬州之商胡之众。

胡人来华渐多,自然愈来愈深地介入唐朝君臣人民的日常生活之中,有人甚至在唐朝入仕做官、结婚生子,不但自己终老唐土,而且子孙相继,逐渐归化。唐代胡风之盛,唐代灿烂文化中颇多中西、胡汉交融的成果,即与此有关。

唐人野史笔记及小说中,有一类故事被民间文学研究者命名为"胡人识宝传说",其情节模式大体谓:某人因某种机缘得到一种宝物,但并不知道其真正价值。有胡人能凭感应知之,求见,识出此果为至宝,乃求购,终以高价买下。胡人向原持宝者说明此宝名称、用途,有时还做演示。像牛肃《纪闻》中的《水珠》、戴孚《广异记》中的《紫靺鞨》、《原化记》中的《鬻饼胡》等篇即属此类。还有一种情节模式,谓:某人于某地施恩于一胡人,胡人感恩,临终赠宝于某人并告知其价值。某人将此宝与胡人同葬,若干年后,胡人子孙来寻,此人遂指告葬地并将宝物归还。《集异记·李勉》《独异志·李灌》《尚书故实·李约》均记此类故事。

　　大批胡商来华,不但运来本国土特产、手工艺品,而且必将贩回中国的工农业产品和外国稀见之物,商业贸易往来必然是双向的流动,其中应体现互惠与友谊的精神。所谓"胡人识宝传说"就是唐朝这一部分历史生活曲折而有趣的反映。

生当大唐时

日出大明宫:西京长安

　　唐京城长安,原是隋都大兴城。隋文帝杨坚禅位第二年(582)就下令在北周都城长安东南龙首原处营建新都,主持设计的是当时最负盛名的工程专家宇文恺。

　　大兴城规模宏伟,布局新颖。其最大特点是将皇族居住的宫城、政府衙署所在的皇城和普通百姓生活的外郭城分列,改变了自西汉以至梁陈时代宫阙民居相混的情况,使官民双方均得到某种方便。这对后世都城建设影响很大,宋之汴京、元明清三代之北京,布局均仿此。而唐都更是以此为基础扩建而成,由此一端也可见唐之承隋余绪也。

　　由于一千多年来多次战争破坏,唐都长安地面建筑早已荡然无存。但从前人记载和考古发掘中，我们尚不难想见昔日的盛况。

唐都城有"三大内"，即西内太极宫、东内大明宫、南内兴庆宫，实为三组宫殿建筑群，是皇帝及其亲族居住并施行专制统治的地方。

西内太极殿在皇城之中，处于长安城的中轴线上，宫中自南向北以太极、两仪、甘露、延嘉四殿构成中心线。太极殿为正殿，其南有承天门。唐太宗听政理事即在这里。"太极殿者，朔望视朝之所也"，"若元正、冬至，陈乐设宴会，赦宥罪，除旧布新，当万国朝贡使者、四夷宾客，则御承天门以听政"（徐松《唐两京城坊考》）。太极宫东侧为东宫，太子所居。西侧为掖庭宫，嫔妃所居。

东内大明宫，也就是宫城。它突出在东北角上，背倚地势高爽的龙首原，坐北朝南，俨然象征着帝王居高临下、南面而治的地位。其主要建筑有含元殿、宣政殿、紫宸殿、延英殿、麟德殿以及翔鸾阁、栖凤阁、太液池、太液亭等。中书省、门下省、御史台、翰林院、弘文馆、史馆等机构均设在里面。

最初太上皇李渊在此避暑，自高宗李治起，这里成为真正的政治中心，百官朝会议事、接见外国使节、朝廷重大礼仪宴会,大都在此举行。"早朝大明宫"遂成为许多官员兼诗人常喜吟咏的题目。

乾元元年(758),诗人贾至写过一首《早朝大明宫呈两省僚友》的七律,杜甫、王维均有和作,很能见出大明宫的景色和早朝的气氛。兹录贾至、王维两首于下:

　　　　银烛朝天紫陌长,禁城春色晓苍苍。

　　　　千条弱柳垂青琐,百啭流莺绕建章。

　　　　剑佩声随玉墀步,衣冠身惹御炉香。

　　　　共沐恩波凤池里,朝朝染翰侍君王。

　　　　　　　　　　　　　　　　　——贾至

　　　　绛帻鸡人报晓筹,尚衣方进翠云裘。

　　　　九天阊阖开宫殿,万国衣冠拜冕旒。

　　　　日色才临仙掌动,香烟欲傍衮龙浮。

　　　　朝罢须裁五色诏,佩声归向凤池头。

　　　　　　　　　　　　　　　　　——王维

由此可知,唐朝君臣上朝极早,五更刚过,曙色苍苍,就各自准备了。当时照明全靠银烛,所以贾至诗中有"银烛朝天"的话,而所谓"紫陌长",则是指进入宫门、含元殿朝堂下那长长的石板路。含元殿高耸入云,"左右砌道盘上谓之龙尾道"。这龙尾道自平地七转才得上至朝堂。路分三层,上层高二丈,中下各高五尺,两边修有青石扶栏,上面刻着莲花、螭头之类装饰。上朝的官员或晋见的使节一路行来,逐级登上,面对着巍峨矗立、庄严雄伟的宫殿,面对着道路两旁荷矛执戟的卫士、在微风中轻轻飘动的旌旗,鼻闻着荡散在空中的香烟,很难不产生一种凛然肃穆之感,也很难不产生一种知遇受恩之感。

南内兴庆宫,在宫城东南,已靠近长安城东面的春明门。这里是唐玄宗一朝的政治中心,里面有兴庆殿、南熏殿、长庆殿、大同殿、勤政务本楼、花萼相辉楼以及著名的沉香亭。唐明皇戏妃子、赏名花、传令待诏翰林的李白来写新词的故事,就发生在这里。李白以三首《清平调词》赞美杨贵妃的风神韵致和美丽容颜,成为千古赞叹女子之美的名诗:

云想衣裳花想容,春风拂槛露华浓。
若非群玉山头见,会向瑶台月下逢。

一枝红艳露凝香,云雨巫山枉断肠。
借问汉宫谁得似,可怜飞燕倚新妆。

名花倾国两相欢，长得君王带笑看。

解释春风无限恨，沉香亭北倚阑干。

当时高力士说它们暗含对贵妃的讽刺，纯属无中生有的挑拨；后世文人为使诗意归于雅正，也说它们别有寄寓，则未免多事而大煞风景。

兴庆宫距城内最大的风景区曲江池最近，而且有复道与之相连。所谓复道，是两侧有墙栏，用以遮挡行人视线的道路，方便皇家贵戚等人隐秘地行走出游。曲江池今天已是一片庄稼地，但在唐时却是碧波荡漾、花树蒙茸的游览胜地。每到春秋两季，皇室内眷、达官贵人乃至平民百姓都要去游玩，景况非常兴盛。

长安的外郭城东西两边完全对称，居于正中的是宽一百五十米的朱雀大街。全城包括这条大街（又叫"天街"）在内，共有东西大街十四条、南北大街十一条，分成一百零九坊（东南角因与曲江池相连，占去一坊之地），西侧五十五坊由长安县辖，东侧五十四坊属万年县。东西各有一市，聚居着来自全国各地乃至海外的商人，开着无数店铺、作坊、邸舍，是极为繁华活跃的商业中心。此外，长安还有许多寺庙道观，如著名的如慈恩寺、兴善寺和昊天观，至今巍然屹立的大雁塔就在慈恩寺内。

　　西京长安一度是东方最大的都会。自安史之乱起历遭兵燹，走上了衰败之路，以后每况愈下，到朱温篡唐时，遭到毁灭性的破坏。西京的荣枯可以说是唐王朝兴亡盛衰的一个缩影、一种象征。

神都通四海：东都洛阳

　　洛阳城始建于西周成王时，当时是镐京的陪都。公元前770年，平王东迁，至赧王为秦昭王所灭，共二十三王、五百一十五年，均以洛阳（王城、成周）为都城，史称东周。

　　刘邦建汉，起初曾拟定都洛阳，后接受娄敬建议，改都长安。但刘秀即位后便以洛阳为都城，建立了东汉。此后曹魏、西晋、北魏相继在此定都，洛阳一度繁华无比。

　　隋炀帝将洛阳改为东京，为此指派设计大兴城的建筑专家、将作大匠宇文恺精心营建，让尚书令杨素监修，每月役丁二百万人，又造显仁宫与西苑，发送大江以南、五岭以北奇材异石运集洛阳。复以此为中心，凿通济渠，连接邗沟，形成东南通向太湖、浙江，东北达于涿郡（今北京）、西北连接关中的巨大运河体系。而他自己则乘龙船沿运河南下江都,过着穷奢极欲的生活。

隋祚短促,很快将这座北倚邙山、南对伊阙、城内河道纵横的城市(连同整个国家一起)输给了李唐王朝。在朝代更迭的战争中,洛阳宫殿、街市和居民遭到多次劫难。

但洛阳在李唐王朝手中却获得前所未有的发展。唐太宗贞观三年(629)即欲修洛阳宫,以戴胄奏罢;但次年又发卒欲修。高宗显庆元年(656),在洛阳宫修乾元殿,高一百二十尺,东西三百四十五尺,南北一百七十六尺,其他相应配套建筑可以想见。次年便将洛阳改为东都,从此以长安、洛阳为"东西两宅",随时往来,但以居洛阳时间为多。唐高宗最后就病死于东都真观殿。

武则天临朝称制,改元光宅(684),头一件事就是改东都洛阳为神都,以之取代西京长安的地位,武则天下令"徙关外雍、同、秦等七州户数十万以实洛阳",她自己也从此不再西回长安。

垂拱四年(688),在原乾元殿地方,毁殿另造明堂,以武则天的男宠僧怀义为监使。明堂又叫万象神宫,宫后造天堂以安佛像,造了一半被大风吹毁,重造未毕,僧怀义与则天另一男宠斗气,放火焚烧,整个明堂被毁。武则天不怪罪怀义，仍以怀义为使再造，终于在万岁登封元年（696）造成高二百九十四尺、东西南北广三百尺的巨大建筑，号"通天宫"。接着铸铜为鼎，象九州，置于明堂前。其中神都鼎高一丈八尺，可以容纳一千八百石，余州略小，总共用去铜五十六万七百一十二斤。这些铜鼎与前几年造就、立于端门之外的"大周万国颂德天枢"相辉映，显示着则天一朝的强盛与威势。

唐洛阳城内也和西京长安一样有宫城、皇城，又有长安没有的曜仪城、圆壁城、东城、含嘉仓城等。整个城市南广北狭，除上述诸城外，外郭城有一百零三坊和三个市。坊市分居于洛水南北，以洛南为多。坊内皆是宅第、寺观、祠庙、园亭，也杂以廨署。三市分布于城的南、北、西三方，以南北两市为大，如南市即隋丰都市，"东西南北居二坊之地，其内一百二十行，三千余肆，四壁有四百余店，货贿山积"（《唐两京城坊考》）。由于交通便利，洛阳商业繁荣，聚居着来自国内各地乃至海外的商人。

许多唐代官僚在洛阳建有宅第和别墅。如明教坊有宋璟、崔融之宅；集贤坊有裴度府第，"筑山穿池，竹木丛萃，有风亭水榭，梯桥架阁，岛屿回环，极都城之胜概"（《旧唐书·裴度传》）；崇让坊有苏颋竹园以及顾少连、王茂元、韦璀等人居宅。诗人李商隐与夫人王氏曾在岳丈王茂元家居住，王氏死后商隐旧地独游写有诗篇多首。履道坊西门内有白居易宅，伊水周其西、北，"竹木池馆，有林泉之致"。由于与裴度宅靠近，两家来往频繁。

洛阳在北魏时佛寺极多，这从杨衒之的《洛阳伽蓝记》中可以充分领略。唐时不但修复被兵燹破坏的旧寺，又兴修不少新庙。除佛寺外，还有许多波斯胡寺、袄祠和道观。当然最著名的还是有"释源"之称的白马寺和集中佛教艺术的龙门石窟。

武则天于神龙元年(705)病死于洛阳上阳宫仙居殿。当年，唐中宗复国号为唐，仍以神都为东都，次年将朝廷迁回长安。但洛阳的重要性并未降低，唐玄宗在开元二十四年(736)以前曾五次居洛阳，前后累计达十年之久。天宝元年(742)复改东都为东京。

真正给洛阳以毁灭性打击的是安史之乱。安、史二人及其子先后称王称帝，均以洛阳为都城，唐军与乱军围绕着洛阳展开拉锯战，使洛阳"宫室焚烧，十不存一"(《旧唐书·郭子仪传》)。唐末又遭兵燹，五代梁时虽曾一度复兴，但终究难复旧观，洛阳的黄金时代随着盛唐的过去而结束了。

扬州与益州

"扬一益二",唐时谚语也,意谓在当时全国的大都会中,扬州和益州(成都)数一数二。

西京长安是朝廷所在,东都洛阳则是皇帝频频前往就食,设有各部省的"分司",它们是唐朝的政治中心。而扬州、益州、广州、泉州、明州(今宁波)、杭州等则是足以反映商业繁荣、经济发达状况的都会和口岸,其中扬州又最具代表性。

扬州地当运河和长江交汇处,为南北交通枢纽,并且是对外贸易的港口。它的富庶繁华早在南朝时就极其著名。

有这样一个故事:几个人在一起谈论各自的愿望。一个说:愿为扬州刺史;第二个说:愿多赀财;第三个说:愿骑鹤上升;最末一人说得最妙:他要腰缠十万贯,骑鹤上扬州(《殷芸小说》)。看来携足钱财到扬州这个销金窟去尽情享受,在南朝人心目中是比当神仙还要快活的事。隋炀帝三下扬州似乎是对这位南朝人愿望的呼应和印证。

唐朝时的扬州地位愈益重要,起初在此设置大都督府,肃宗至德以后,为淮南节度使治所。这里是影响朝廷经济命脉的财赋聚集转输之地,镇守者多为一代名臣,如杜佑、裴度、牛僧孺、李吉甫李德裕父子等。

掌管天下利权的盐铁转运使,在扬州设巡院,号"扬子院",判官多至数十人。商业、手工业(如丝织、造船、制镜)、饮食业均极发达,仅聚居于此的胡商(来自波斯、大食及西域诸国)即有数千人之多。

宋人洪迈《容斋随笔》卷九"唐扬州之盛"条引了几位唐代诗人讴歌扬州的作品:

十里长街市井连,月明桥上看神仙。

人生只合扬州死,禅智山光好墓田。

——张祜

夜市千灯照碧云,高楼红袖客纷纷。

如今不似时平日，犹自笙歌彻晓闻。

——王建

天下三分明月夜，二分无赖是扬州。

——徐凝

由此可见当时的扬州乃一不夜之城，一极乐世界，体现着热爱生活而又善于生活的唐人之最高理想。

我们还可补充与扬州有特殊感情的诗人杜牧的几首诗：

青山隐隐水迢迢，秋尽江南草未凋。

二十四桥明月夜，玉人何处教吹箫。

——《寄扬州韩绰判官》

娉娉袅袅十三余，豆蔻梢头二月初。

春风十里扬州路，卷上珠帘总不如。

——《赠别》

落魄江湖载酒行，楚腰纤细掌中轻。

十年一觉扬州梦，赢得青楼薄幸名。

——《遣怀》

杜牧三十一二岁时曾任淮南节度使府之掌书记。他生性疏野放荡、风流自赏,公务之外,唯以宴游为事。偏偏扬州又是那样一个花花世界:

> 扬州,胜地也。每重城向夕,倡楼之上常有绛纱灯万数,辉罗耀烈空中,九里三十步街中,珠翠填咽,邈若仙境。(《太平广记》卷二七三引《唐阙史》)

于是这位风流才子便时常出没驰逐其间,如是者且数年。他每夜在外流连忘返,却终不肯钟情于一妓,遂赢得"薄幸"之名;在他无知觉中,却又累得三十名小卒因奉命暗中保护他而终夜辛劳——直到他荣任侍御史要离扬赴京时,才由节度使牛僧孺亲自向他揭晓。杜牧临行,向牛僧孺告辞,牛对他勉励有加,顺便叮嘱他须节制冶游。杜牧爱面子,矢口否认冶游之事。牛乃令人取出一个小盒,叫他自看。杜牧打开一瞧,盒子里面全是府中小卒每天向牛报告其夜来冶游行踪和平安回家的纸条。杜牧这才知道牛僧孺保护自己的良苦用心,惭愧道谢,并感激终生。可以说杜牧的放荡少检,有几分就是被扬州的侈靡之风培养和纵容出来的。

成都的繁华不亚于扬州，因为玄宗一度逃亡至此，它还曾升格为"南京"。这个天府之国的首府，盛产丝麻织物，尤以蜀锦负有盛誉，其他如金银器、陶瓷器、蔗糖、造纸均名闻遐迩。更兼人文荟萃，不但历来镇蜀者多为雅士，而且当地与外来的骚人墨客特多。唐代最伟大的两位诗人，李白的青少年时代在蜀中度过，由此奠定了他一生创作的基础；杜甫的晚年在成都生活，其诗艺亦于此攀上了巅峰。堪称唐代最杰出的女诗人薛涛则终生生活于成都。这些事实令人感慨、回味无穷。

　　由于成都偏处西南，崇山峻岭和艰难的交通一定程度上保障了它的安全。虽然它也曾遭到战争兵火的破坏，但毕竟不比中原为兵家逐鹿之地。到军阀混战的晚唐与五代，成都更成为许多人逃难避祸之地，像著名的"秦妇吟秀才"韦庄本是作为唐朝的使臣去蜀的，中原的战乱使他留蜀不归，后来竟成了前蜀的开国元勋。文学史上最早的词派花间派兴起于蜀中，恐怕也不是偶然的。

如何实现长生不老?

　　唐朝君臣上下崇信道教,有一个重要原因,就是想求长生久视之术。

　　渴望长生不死,可以说是人的一种本能,而在中国古代更有祈求长生的悠久传统。秦始皇不惜成本派遣方士徐福入海求取仙药;汉武帝建造柏梁台,以金铜仙人承取露水,和以玉屑饮之,企求长生,都是著名的故事。

　　到了唐代,此风尤盛。道士、方士、术士常称能以金石(铅、汞之类矿物)烧炼成丹,服之可以延年益寿,长生不老,甚至可以换骨羽化,白日飞升,脱离人世而进入仙境。这是多么具有魅惑力啊!

　　于是皇帝便以其极大的权势,拼命寻求这种不死药,从而给方士们造成了可乘之机。当一个方士通过自荐或介绍进入宫廷，往往受到非常优厚的待遇和礼敬。他们的要求总是被满足，而任务则是炼丹或外出寻药。皇帝对他们十分信任，几乎是毫不犹豫地服食他们进献的丹药，即使因此得疾亦不懊悔，即使有人进谏也充耳不闻，仍然执迷不悟地一味吃下去，直到药性发作夺去他们的生命为止。

清代史学家赵翼作过一个统计，唐代因服丹药而死的皇帝，有太宗、宪宗、穆宗、敬宗、武宗、宣宗，共六人。他分析如此的原因道：

> 穆、敬昏愚，其被惑固无足怪；太、宪、武、宣皆英主，何为甘以身殉之？实由贪生之心太盛，而转以速其死耳！（《廿二史札记·唐诸帝多饵丹药》）

因为相信服食金丹可以延寿不老甚或羽化登仙，便不顾死活地吃药，并且代代相传而不知醒悟，确属愚昧顽固。但换个角度看，他们前仆后继地以身试药，未尝没有其悲壮的一面——人类无论是为了探索大自然抑或是为了探索自身的奥秘，总难免要付出代价、作出牺牲的。

在唐人看来,服药长生,并非没有成功的例子。相传武则天曾服过张昌宗兄弟特意为她炼合的丹药,活到八十二岁,身体各方面的功能一直良好。大书法家颜真卿也服食丹药,七十多岁时,身体还非常强壮。

甘露之变中丧生的郑注,父亲是个牛医,本人也懂得医学。他最初之所以得到宦官信任,就是因为他炼的丹药确实有效。《旧唐书·王守澄传》记载:郑注尝为大将李愬煮黄金,服一刀圭,可愈痿弱重腿之疾,复能返老成童。李愬与守澄服之,颇效。于是守澄引郑注入禁中,得到穆宗赏识。

虽然成功的例子极个别,而且这种成功究竟是否确系服食之效也很可疑,但既有某种希望,也就足以促使有条件者一再以命相许地去试验了。

唐朝大臣权贵因食金丹而死者亦不少,著名的有杜伏威、李道古、李抱真、归登、李虚中、孟简等。

韩愈一生排斥佛老,也不信服食之事,曾在一篇文章中列举亲眼所见的七个实例,引用这些服食致死者本人的痛苦经验,以痛斥服食之非。其中说到归登服食水银得病后的自陈之词:

> 若有烧铁杖自颠贯其下者，摧而为火，射窍节以出，狂痛号呼乞绝，其茵席常得水银。

结果是"唾血十数年以毙"。又写到御史大夫卢坦死时的惨状：

> 溺出血肉，痛不可忍，乞死，乃死。

这篇文章就是《故太学博士李君（于）墓志铭》，收在《韩昌黎文集》中。

然而著此名文"以为世诫"的昌黎先生本人竟也没有逃过金丹之害。不过一年光景，他也因吃了带硫磺（硫黄）的丹药而死。同时的诗人白乐天有《思旧》诗悼之，云："退之服硫黄，一病竟不痊。"宋人陈师道曾因此致讽："韩子作《志》还自屠，白笑未竟人复吁。"（《嗟哉行》）也许韩愈其时已患重病，这才乱投医、胡吃药的吧。

服食金丹之风，由唐延至五代，始终不衰。据说到了宋代，情况有所改变。宋朝人也炼丹，但不再随便服食。他们企求长生的办法是改为修炼内丹，其方法大抵为抱玄守一、闭息、坐忘、采日月之华等。流传至今，便是各式各样的气功（静功）。

中国的气功成为传统文化的一个方面，其科学道理正在经由更多人的实践而被揭示，但服食外丹却已在中华绝迹。如果从文化的发展、经验的积累来看，那么唐朝许多人包括皇帝们服食金丹、以身相殉的贡献，倒也不可简单抹煞。

唐家的公主

　　唐朝的公主实在多,这里仅算各在位皇帝的亲女,不算那些郡主、县主,也不算那些宗室之女而被立为公主——像文成、金城那样的,据《新唐书·诸帝公主传》就共有二百十一位,《唐会要》的统计还要多,共二百十九位。

　　浏览《诸帝公主传》,一个最突出的印象是所记几乎集中于她们下嫁与婚后情况,闺中生活很少提及。大概在男尊女卑的社会里,她们虽然贵为公主,其人生的第一大事也只是嫁人而已。

　　当然她们也有不同于一般妇女之处,就是婚姻具有较大的自由,特别是再嫁与改嫁的自由。

　　唐朝一般妇女不是绝对不可改嫁,但社会舆论的基本倾向还是"妇人事夫,无再醮之礼""不践二庭,妇人常理",那些世代簪缨的山东豪族、礼法之家,于此拘防更严。但唐家公主们却仿佛全不在乎,二嫁、三嫁者比比皆是。如高祖女高密公主"下嫁长孙孝政,又嫁段纶";房陵公主"下嫁窦奉节,又嫁贺兰僧伽";太宗女襄城公主嫁萧锐,锐卒,更嫁姜简,这无可厚非;南平公主,"下嫁王敬直,以累斥岭南,更嫁刘玄意",就有点势利和霸道了。

还有更甚者,如武则天之女太平公主。她长得"方额广颐,多阴谋,后(则天)常谓'类我'",积极参与政治斗争,在婚姻上更是恣肆放纵。先是看上薛绍,成了婚。绍死,更嫁武承嗣——这也不去说她。只因承嗣患有"小疾",则天母女俩又打上了武攸暨的主意。但人家本有妻子,怎么办呢? 很简单,"后杀武攸暨妻,以配主",干脆把人家老婆杀掉夺过来做自己丈夫。

太平公主可能是个极端的例子。既然她酷似乃母武则天,而且处处有意识地模仿武则天,那么薛绍、武攸暨之流的"妻管严"命运恐怕是难逃的了。其他的公主脾性若何,记载大多不详。但受到《新唐书》编者表扬的,在二百多人中实属寥落,据此也就可推想得知了。

唐宣宗年轻时曾有一段接近民间的经历,比较了解皇宫以外的情形，所以他对公主倒常"谆勉笃诲"："无鄙夫家，无忤时事！"他本来想把永福公主嫁给于琮。一次，公主和他一道吃饭，竟因小事发火，"怒折匕箸"。宣宗这才进一步懂得一般官宦人家和读书士子视尚主为畏途的原因。

娶了公主，就是驸马爷，功名富贵顿时全都有了；加上皇威难以违抗，所以无论愿与不愿，尚主者依然不少。但民间的或私下的真实心理，却是视尚主为畏途。不妨举一个小故事：

道人张果以长年秘术、驻颜奇技博得唐玄宗崇慕礼敬，被迎到东都，"于集贤院安置"。"一日，秘书监王迥质、太常少卿萧华，尝同造焉。时玄宗欲令尚主，果未之知也。忽笑谓二人曰：'娶妇得公主，甚可畏也！'迥质与华相顾，未谕其言。俄顷有中使至，谓果曰：'上以玉真公主早岁好道，欲降于先生。'果大笑，竟不承诏，二人方悟向来之言。"（郑处诲《明皇杂录》卷下）。

这当然纯系传说，主要想表现张果的未卜先知，但张果所言乃民间俗谚，无意中却透露了人们是多么怕娶公主。

比起她们父兄的三宫六院、三妻四妾的自由，公主们当然远远不如，但比起一般平民，特别是普通女子来，她们就显得很特殊了。

公主们在经济、政治上均有特权。她们和亲王一样"食实封"，永淳（高宗年号）之前，食三百户，太平公主独加五十户。到武周圣历年间，其食邑猛增为三千户。等到中宗复位，太平公主的食实封数便与相王（即后来的睿宗）相同，为五千户了。中宗之女安乐、长宁两公主也分别食三千和二千五百户。同时，她们还与宜城、新都、定安、金城等几个公主，都享有开府置官属的待遇。

这些还不能满足她们，于是进一步插手政治、攫取财富。

太平公主既有野心，又有才能。则天末年参与诛除二张（易之、昌宗），中宗死后，与李隆基合谋诛韦氏，拥立睿宗。"睿宗即位，（公）主权由此震天下，加实封至万户，三子封王，余皆祭酒、九卿。"参与朝政，睿宗言听计从，偶尔不朝，"则宰相就第咨判，天子殆画可而已"。最后甚至干预太子的废立，和李隆基成为势不两立的死敌。她所攫取的财富也极可观："田园遍近甸，皆上腴。吴、蜀、岭峤市作器用，州县护送，道相望也。天下珍滋诡怪充于家，供帐声伎与天子等。侍儿曳纨縠者数百，奴伯妪监千人，陇右牧马至万匹。"

安乐公主有野心而缺乏才能。她要求中宗封她为"皇太女",以便将来好效法"阿武子"(指武则天)为天子。她开府置僚属后,竟收钱售官,降墨敕斜封授之,叫做"斜封官"。营造府第及佛庐,皆按宫省规模,而工致精巧过之。她甚至贪婪到"请昆明池为私沼",被拒绝后,竟自凿定昆池,延袤数里,欲与昆明池抗衡。

她们残害压迫百姓事例亦多。安乐公主"夺临川长公主宅以为第,旁彻民庐,怨声嚣然"。又"与长宁、定安三家厮台掠民子女为奴婢",御史制止,中宗还下手诏包庇她们。

不过卷入政争的结果往往是使她们遭到杀身之祸。中宗死后,李隆基兴兵诛韦后,安乐公主被乱兵斩首。太平公主与李隆基争权,失败后被赐死。

唐朝公主的另一个出路是出家修行当女道士。睿宗的女儿、玄宗的御妹金仙、玉真二公主,就是盛唐时的著名女冠。后来玄宗之女万安公主、楚国公主,代宗女华阳公主,顺宗女浔阳、平恩、邵阳三公主,穆宗女义昌公主等均为女道士。她们的生活又是另一番情景、另一种滋味了。

浪漫的女冠

　　道教一度曾是唐的国教,道教寺观因而遍于国中,除此以外还有不少人在家中修炼,称为练师、法师或某某弟子。大诗人李白、李商隐均曾亲受道箓、拜师学道,李白的宗氏夫人也是个虔诚的道徒。会昌(唐武宗年号,841—846)名相李德裕,亦崇信道教,曾"受法于茅山",自称"玉清玄都大洞三道弟子",他的一妻一妾也都是在家修炼的道士。

　　在人们的印象中,头戴黄冠、身披道氅的女道士,常常是些作风浪漫、生活风流的人物。有人(如写《玉溪诗谜——李义山恋爱事迹考》的苏雪林女士)甚至说唐代的女冠具有"半娼"的性质。究竟是不是这样呢? 不妨先看一首小诗：

今日喜时闻喜鹊，昨宵灯下拜灯花。

焚香出户迎潘岳，不羡牵牛织女家。

——《迎李近仁员外》

　　这首诗的作者就是晚唐京师咸宜观女道士、诗人鱼玄机。看她把李近仁比作美貌的潘岳，急切地等待他的光临，说是一旦来了就胜似牛郎织女鹊桥相会，其言行委实不合道门清规。是否能叫倡伎虽尚可商榷，但说她浪漫风流却无论如何不算过分。

　　唐朝妇女出家为女冠，原因多样。或因真的崇信道教，或因生活所逼，以此为谋生手段。还有一种便是公主和宫人的入道。各种身份不同的女冠，生活境遇是大不相同的。

　　像上面提及的鱼玄机，她出家的直接原因是与丈夫的离异。她本是一个聪慧、好读书、有文学才华的女子，嫁给状元李亿为妾，但后来被抛弃了。从她的《寄李亿员外》诗中"易求无价宝，难得有心郎。枕上潜垂泪，花间暗断肠"，可以体会到她心中的痛苦。她入道后，虽有机会与不少男性交往,但并没有寻找到她渴盼的"有心郎"。她的结局也很悲惨,因为笞杀一个服侍她的女僮,被京兆尹温璋正法了。

跟鱼玄机一样有诗名,并曾与众多男性交往唱酬的著名女冠还有李冶(季兰)和薛涛(洪度)。

李季兰性恪豪放,言语敏捷,是诗人刘长卿(有"五言长城"之誉)的好友,刘对其诗才极其佩服,称之为"女中诗豪"。

薛涛久居西蜀成都,更是与当地历任节帅等官僚如韦皋、高崇文、武元衡、王播、段文昌、李德裕以及著名诗人元稹、白居易、王建等人唱和频繁。这里仅举元稹《寄赠薛涛》一首:"锦江滑腻蛾眉秀,幻出文君与薛涛。言语巧偷鹦鹉舌,文章分得凤凰毛。纷纷辞客多停笔,个个公卿欲梦刀。别后相思隔烟水,菖蒲花发五云高。"就大略可知薛涛的风姿神韵、诗文才华和当时文人对她的钦慕赞美。薛涛虽然后来"着女冠服",原先却曾是个在籍的乐妓,算得上是当时一位名声响亮的公众人物。薛涛的才能是多方面的,"能篇咏,饶词辩"(范摅《云溪友议》),"作字无女子气,笔力峻激"(《宣和书谱》),又在蜀中十色彩笺松花纸的基础上创制适合题写小诗的"薛涛笺",成为文人雅士喜爱的艺术珍品。

宫人入道在唐朝也是常事。每一个新皇帝登基,总要处理掉一批先朝宫人。这些宫人一部分遣散回家,一部分就送入宫观为道士。武则天当初之入感业寺,就是如此。被唐玄宗看中的寿王妃杨玉环,在入宫之前也曾到道观过渡,从而有了"太真"这个道名。唐文宗开成三年(838),一次就"出宫人四百八十人,送两街寺观安置"(《旧唐书·文宗纪》)。

这些入道宫人遭际往往十分悲惨。诗人于鹄云:"十岁吹箫入汉宫,看修水殿种芙蓉。自伤白发辞金屋,许著黄衣向玉峰。"(《送宫人入道归山》)戴叔伦也写到她们"萧萧白发出宫门"的凄凉情景——她们实际上是被一脚踢出了宫门。当然,无论年老抑或年轻,在道观里过着"旦暮焚香绕坛上"(项斯《送宫人入道》)的刻板生活,都是十分痛苦的。如果她们和能够接触到的男子相爱,追求一点人生的乐趣,实在是无可指责的事。

同样是入道,那些金枝玉叶的公主境遇就大不相同了。

她们往往有豪华讲究类似宫殿的寺观作为居处。睿宗之女金仙、玉真二公主入道,"制各造一观",尽管许多大臣上疏反对,工程仍照旧进行。金仙观以公主的师父、道士史崇玄为监工督造,每日用工万人,可想建筑规模之大。

她们既可在寺观过奢侈淫靡的生活,又可经常出入皇宫,必要时就随便还俗,真是自由得很。武则天之女太平公主曾因要为荣国夫人(则天之母)祈求冥福而"丐为道士",但从未真正出家。吐蕃前来请求她下嫁,"后不欲弃之夷,乃真筑宫,如方士薰戒,以拒和亲事"。但后来公主想嫁人了,便马上还了俗,也没有人敢说什么。

入道也并不妨碍公主们插手政治。信奉道教的诗人李白能够受到玄宗重视,除了吴筠、贺知章的推荐外,御妹玉真公主(后号持盈法师)的揄扬也起了极大的作用。现存《李太白集》有《玉真仙人词》《玉真公主别馆苦雨赠卫尉张卿二首》等作品。前者是诗人献给公主的赞词,后者是诗人暂住公主别馆述志陈情之作,看来它们都是起了作用的。从后者还可看出玉真公主房产之多。王维、储光羲的诗还曾分别写到玄宗"幸玉真公主山庄"的事和"玉真公主山居"的情况,如果它们和李白住过的别馆不是一处,更可说明这位入道公主之豪侈了。

妇女服饰与化妆

一个时代的服饰和装扮习俗，颇能反映其时物质文明程度和社会普遍之风气。唐代社会生产力发达，又浸染许多胡俗，均可于妇女衣着服饰及化妆技巧窥见之。

《旧唐书舆服志》载：

> 武德、贞观之时，宫人骑马者依齐、隋旧制，多著羃䍦。虽发自戎夷，而全身障蔽，不欲途路窥之。王公之家，亦同此制。永徽之后，皆用帷帽，拖裙到颈，渐为浅露。……则天之后，帷帽大行，羃䍦渐息。中宗即位，宫禁宽弛，公私妇人，无复羃䍦之制。开元初，从驾宫人骑马者，皆著胡帽，靓妆露面，无复障蔽。

士庶之家，又相仿效，帷帽之制，绝不行用。俄又露髻驰骋，或有著丈夫衣服靴衫，而尊卑内外，斯一贯矣。

这段记载很清晰地描述了唐代妇女服饰的演变过程，实际上也就是妇女解放和社会开化的过程。

幂䍦者，自头至足遮蔽全身之黑色罩衣也。北方民族的妇女着此服，固与北地风沙弥漫有关，亦与其不愿妇女暴露脸面的习俗有关。

帷帽所遮部分比幂䍦大为减少，然仍遮去面目。发展到开元时代，帷帽又为胡帽所代替。胡帽亦由北方民族传来，但是北方之男服，其特点是面目全露，毫无障蔽。妇女外出，从此可见天日，而路人行者亦可以纵观无碍矣。

值得注意的是，唐代妇女，无论尊卑内外均颇喜着男装，并像男子一样放马驰骋。由此可见唐代妇女的豪迈与自由，不像宋以后之纤弱与拘谨。

当然，妇女通常的装束仍是衫袄裙襦之类。襦袄衫为上衣，裙为下衣。贵家妇女此类衣物常用绫罗缎绸缝制，或有织文提花，或绣上图案，如温庭筠《菩萨蛮》词所描绘的"新贴绣罗襦，双双金鹧鸪"便是。从张祜的两句诗"鸳鸯钿带抛何处，孔雀罗衫付阿谁"，亦可见出其精致美丽之状。

唐妇女常以红衫配绿裙，亦有着红裙、紫裙者，所谓"石榴裙"就是鲜艳的大红大紫颜色。据说杨贵妃与众不同，喜穿黄裙，而于肩上披以紫绡长巾，别有一番妩媚。裙子一般都很长，而且打有襞褶，故用料较多。李德裕任淮南节度使时，曾下令限制："妇人……裙曳地四五寸者，减三寸。"（《新唐书·车服志》）这自然是对贵妇或妓女而言，一般劳动妇女须从事各种操作，裙裾曳地的可能就不大了。

正如当今妇女时装变化最为迅速，有日新月异之势，唐妇女服饰亦有时髦潮流。白居易《上阳白发人》写一老宫女的装束打扮：

> 小头鞋履窄衣裳，青黛点眉眉细长。
> 外人不见见应笑，天宝末年时世妆。

此女久居深宫，时至贞元、元和年间仍旧穿着天宝末年视为时新的服饰，所以不免招致外人的讪笑。

"天宝初，贵族及士民好为胡服胡帽。妇人则簪步摇钗，衫袖窄小"（《新唐书·五行志》），贞元之末，风气已变为"时世宽妆束"（白居易《和梦游春》）。但到文宗大和初年,时尚的妆容和服饰又转向短窄。《旧唐书·文宗纪》载有"今后每遇对日,(诸公主)不得广插钗梳,不须著短窄衣服",可证。

梳髻、画眉、点额、涂抹胭脂和佩戴头饰、手部饰品都是妇女化妆的重要内容,唐代妇女于此也是花样繁多、极富创造性。

髻的名目不下数十种。诸如倭堕髻(又叫堕马髻)、高髻、低髻、凤髻、螺髻、反绾髻、乌蛮髻、同心髻、抛家髻、闹扫妆髻、回鹘髻等。还有与髻类似而中空作环形的发型,称作鬟,也分多种样式。青少年妇女多梳双鬟,有的鬟很高,叫高鬟;低的,就叫低鬟。与髻鬟相配的,还有种种鬓饰,圆鬓、蝉鬓、丛鬓、松鬓,不一而足。

画眉的式样也很多,而且随时而变。唐初俗尚宽阔,至天宝年间渐趋以细长为美。《长恨歌》描写杨贵妃便是"芙蓉如面柳如眉"。后来又转而盛行阔短的眉样,元稹《有所教》诗乃有"莫画长眉画短眉,斜红伤竖莫伤垂"之语。穆宗长庆年间还出现镊去眉毛,"以丹紫三四,横约于目上下,谓之'血晕妆'"的画眉法(见《唐语林补遗》)。

唐妇女喜欢于额头点以黄色,温庭筠词所谓"蕊黄无限当山额"即是。或贴上"花子",即花钿。这种花钿的质地样式，王建诗中有描写："腻如云母轻如粉，艳胜香黄薄胜蝉……鸳鸯比翼人初帖，蛱蝶重飞样未传。"（《题花子赠渭州陈判官》）这比起源于寿阳公主的"梅花妆"已有所发展。还有一种"额纱"，以经纬较疏的绮罗蒙于额上作为装饰。如元稹诗云："新妆巧样画双蛾，漫裹常州透额罗。"（《赠刘采春》）至于傅粉涂胭脂，更是由来已久的化妆术。《开元天宝遗事》记杨贵妃夏月"每有汗出，红腻而多香，或拭之于巾帕之上，其色如桃红也"，其实就是脂粉浣染所致。

唐代妇女头、手的饰物也是品种花色繁多，诸如金步摇（簪钗）、玉条脱（手镯）、象牙梳、绣香囊之类都是精致的工艺品，也常有用鲜花如牡丹、石竹、茉莉等为饰的，更是色香俱佳矣。

从白居易的《江南喜逢萧九彻因话长安旧游戏赠五十韵》，可看到诗人笔下的妇女装束打扮：

时世高梳髻，风流澹作妆。戴花红石竹，帔晕紫槟榔。鬓动悬蝉翼，钗垂小凤行。拂胸轻粉絮，暖手小香囊。

这里的描述可谓全面细腻，一个中唐时代漂亮济楚、装扮入时的妇女形象活脱如在面前。

末了再看一看文献资料中关于唐女子化妆术高明的记录：

> 庞三娘善歌舞，其舞颇脚重。然特工装束，又有年，面多皱，帖以轻纱，杂用云母和粉蜜涂之，遂若少容。

> 有颜大娘，亦善歌舞，眼重脸深，有异于众；能料理之，遂若横波，虽家人不觉也。（均见《教坊记补录》）

前面那位庞三娘，某次有人来雇请歌舞，恰值她未化妆，老态毕露，被称为"恶婆"，她骗来人说："庞三是我外甥，请明日再来。"翌日，那人再来，见到化了妆的庞三娘，竟根本认不出她便是昨日的"恶婆"，生意顺利谈成。化妆打扮之术如此高超，恐怕连当代许多索价昂贵的美容师也望尘莫及吧。

宫妓、官妓、家妓

娼妓的存在,可以说是男权社会必然的但又畸形的现象。中国古代的娼,往往又是优(即艺人)。娼妓优伶由来久矣。

唐朝有一套相当完备的娼妓制度,娼妓的种类和等级多而且严。

皇家的太常寺、太乐署以及内教坊,虽然名称不同,职司有异,但性质却都是管理宫中乐伎俳优的衙署。所以诗人李贺对于担任太常寺奉礼郎(主要负责宗庙的君臣版位,祭祀时充跪拜仪式之赞导)一职甚感屈辱,觉得是把自己降到了"臣妾"的地位。他在其诗作《赠陈商》中向朋友发牢骚道:

风雪直斋坛，墨组贯铜绶。

臣妾气态间，唯欲承箕帚。

唐玄宗时设立的梨园、宜春院，实即皇家蓄伎之所。无论皇帝梨园弟子，还是宜春内人，都与太乐署所管的乐户、音声博士、文武舞郎、散乐、音声人等一样，是皇家的娼妓优伶，也可统称为宫伎。

既然皇帝享有上万人的宫妓（《新唐书·百官志·太乐署》等），那么诸王、节度使、州郡长官、各大藩镇又怎能不模仿效法？

于是有官妓，即属于州郡官府的娼妓；有营妓，即属于节度军营的娼妓。当官府军营有宴会应酬时，长官便会通知乐营——管理这种娼妓的部门，由该部门长官乐营使调遣配备演出人员应差。从制度而言，官妓、营妓均有乐籍，不是散娼，不能随便流动，也不属长官私有。但实际上，各藩镇与州郡长官对她们拥有极大的支配权，也常将其中最出色的占为己有。当他们本人移镇或调动时，往往就把这些妓女带走，有的甚至将其变为家妓或收为偏房，成为自己的侍妾。

大中五年（851），李商隐随梓州刺史兼东川节度柳仲郢入蜀为幕僚，柳看他丧妻不久，情绪低沉，生活潦倒，便要从乐籍中选一名叫张懿仙的女子给他作填房。这是州郡长官可以做主的事。不过李商隐悼亡情深，婉言谢绝了。

杜牧《张好好诗》写到的歌妓张好好，本属江西洪州乐籍，被当地长官沈传师看中。一年以后，沈调任宣城，便将好好带到了宣城籍中。这时，张好好还算是个官妓。但又过了两三年，沈传师之弟沈述师不知怎的又看中了她。于是哥哥便将好好割爱让给了弟弟，沈述师遂"以双鬟纳之"。好好就此做了述师的小妾。一般说来，脱去乐籍而成为士人之妻，对于沦为娼妓的女子该算一件幸事。可惜张好好命运多舛，两年以后，沈述师病逝，她显然不能见容于沈家而流落洛阳街头，成为当垆卖酒的商妇。诗人杜牧在宣城与张好好熟识，分手后多年未见，今在洛阳意外相逢，心情自然激动，互相询问一番才知详情。从张好好的不幸流落，联想到自己的仕途蹭蹬，杜牧写下了著名的《张好好诗》，记述了她的经历，抒发了浓郁的怀旧感伤之绪。《张好好诗》的杜牧手书真迹，经当代爱国文物收藏家张伯驹购藏并捐献给国家，是至今犹存的极少数唐朝珍贵文物之一。

在洛阳卖酒为生,倘能自由自在、柴米无忧,未始不是好事。有人比张好好更为不幸,像刘禹锡笔下的泰娘便是。刘作有长诗《泰娘歌》,咏叹她一生的坎坷遭际。其序云:

> 泰娘,本韦尚书(夏卿)家主讴者。初,尚书为吴郡,得之,命乐工诲之琵琶,使之歌且舞。……居一二岁,携之以归京师。……元和初,尚书薨于东京,泰娘出居民间。久之,为蕲州刺史张逊所得。其后逊坐事谪居武陵郡。逊卒,泰娘无所归,地荒且远,无有能知其容与艺者,故日抱乐器而哭,其音燋杀以悲。

已过中年的泰娘,就是有人"知其容与艺",又怎么样呢? 以色艺事人的娼妓们没有几个不是结局悲惨的。

上面从宫妓说到官妓,下面再说家妓。顾名思义,这是一种蓄养于家中、归私人所有的娼妓。在唐朝,只要条件允许,无论王公贵臣还是士子商人都可以蓄妓,就像搜集财物珍宝和艺术品一样,至于这些女子的个人权益和需求,则很少有人考虑。

许多王公大臣养妓数量惊人。玄宗之兄宁王家中"宠伎数十人，皆绝艺上色"，等而下之者自然更多。李逢吉留守东都，家伎"且四十余人"。一次看中一个下级官员的私伎，立刻毫不客气地夺了去。李愿罢镇，闲居洛阳，"声伎豪华，为当时第一"，每次待客饮宴，"女奴（妓）百余人，皆绝艺殊色"。性格豪纵洒脱的杜牧一次在席间问："听说有个叫紫云的，是哪一个？"李愿指给他看了。杜凝视良久，一本正经地说："果然名不虚传，应该送给我！"李愿笑了，"诸妓亦皆回首破颜"。杜牧则旁若无人地饮酒，赋诗一首云："华堂今日绮筵开，谁唤分司御史来。忽发狂言惊满座，两行红粉一时回。"（《本事诗》）传奇小说《昆仑奴传》写到一位"盖天之勋臣一品者"（据考指郭子仪），其家歌姬竟有十院之多。

唐代娼妓中有许多优秀的艺术家。被白居易赞为"樱桃樊素口，杨柳小蛮腰"的樊素就是善歌者，小蛮就是舞蹈家。前面提到的张好好、泰娘也都是歌声宛转、技艺超群的演唱家。

玄宗开元末年有一个名叫永新的宜春内人，本是江西吉州的乐家女，因为歌唱得好才被选入宫中。她人既长得漂亮，内心又极聪明，善于创造新声，有古代音乐家韩娥、李延年那样的才能。每遇高秋朗月之际，她在空旷清虚的台殿上啭喉一声，美妙高亢的歌声几乎可以传遍九陌。一次唐玄宗在勤政楼大酺，广场上聚集了上万观众，人声嘈杂闹嚷，连百戏演出的声音都盖没了。玄宗很不高兴，高力士建议请永新出楼歌一曲，玄宗表示同意。永新在楼台上一出现，"撩鬓举袂，直奏曼声"，广场顿时一片寂静，若无一人，其艺术魅力可想而知。这曾经使童年的杜甫看得着了迷，以致终生不忘的《剑器浑脱舞》，其创造者公孙氏，就是玄宗时宫廷妓坊的内人，所谓"先帝侍女八千人，公孙剑器初第一"（《观公孙大娘弟子舞剑器行》）。毫无疑问，她和她的弟子都是杰出的舞蹈演员。

还有更多的公私娼妓是精通某行乐器的演奏家，或擅长某种杂耍技艺的百戏演员。由她们和她们的男女师傅共同组成了为皇家和整个官僚阶层服务的文艺演出队伍。

现存有关史料，多出于艳羡宫廷生活的文人之手，又偏重从男子欣赏的角度视娼妓，因此很少触及她们心灵深处的悲凉和辛酸，而给人的错觉是，仿佛她们都生活得挺快活似的。但也有不少材料客观地从她们的遭际反映了时代的沧桑变迁。

杜甫《观公孙大娘弟子舞剑器行》感慨地写道：

五十年间似反掌，风尘澒洞昏王室。

梨园子弟散如烟，女乐余姿映寒日。

把安史之乱前后唐王朝的盛衰与娼妓们的聚散联系了起来，使两者相互映照，增强了诗作的历史感。

那位红极一时的歌手永新，天宝乱后流落民间，为一士人所得。某日唱歌，被当日宫中旧人韦青发现，不禁相持而泣。后士人死，永新"与其母之京师，竟殁于风尘"。段安节《乐府杂录》记载此事，不但对永新深致悼惜，而且流露了很强烈的沧桑感。

风流背后的苦楚:平康散妓与文士风流

五代人王仁裕的《开元天宝遗事》载:

> 长安有平康坊,妓女所居之地。京师侠少萃集于
> 此,兼每年新进士以红笺名纸游谒其中,时人谓此坊
> 为风流薮泽。

这里说的"妓女",就是前篇所述宫伎、官伎、家伎以外
的散娟。她们不归某级官衙管理,也不属某个官员私家,
而是营业性的、广接天下客的娼妓。

散娟们同样没有人身自由,她们实际上是鸨母的私有
财产和摇钱树。鸨母又称爆炭、老爆子,大多由年老色衰

的妓女转变而来。她们从各种途径觅取有姿色的幼女,主要是贫家女孩,有时不惜雇人暗访渔猎之。幼女入得其家,即改姓假母之姓,并和此前已招入的姑娘以兄弟相称。这些养育幼女的假母,一般都没有正式的丈夫,但是她们却可以各种方式与男子同居。

唐人孙棨的《北里志》是一种专记平康散妓生活的著作。据该书所述,平康娼家,一般有三五个妓女不等。由于她们从小练习歌令,多少具备一点文化,"其中诸妓,多能谈吐,颇有知书言话者"。她们懂诗,常将诗人新作谱成歌曲,向客人表演。王之涣等人"旗亭画壁"的故事可以为证。中唐一位妓女还曾以会吟唱白学士(居易)的《长恨歌》夸示于人。这样,她们就不仅以色,而且以艺来吸引游客,招徕主顾。

嫖妓宿娼当然是要花钱,而且往往要花大钱。《北里志》讲得清楚:

> 诸妓皆居平康里,举子、新及第进士、三司幕府但未通朝籍、未直馆殿者,咸可就诣。如不吝所费,则下车水陆备矣。

的确，平康里人人可去，只要你付得起昂贵的费用。你若"不吝所费"，就保证可以在那儿过得舒服惬意。但一旦床头金尽呢？可就对不起了。

白行简的小说《李娃传》前半所叙便是个典型性很强的实例：

郑生赴京赶考，其父为他准备了极其考究的服玩车马和足供他在京师阔绰地交游应酬两年的钱物。他抵京后，一天在平康里鸣珂曲遇见娼妓李娃，被其美色所动。访诸友人，友人警告他："李娃结交的都是贵戚豪族，你没有百万钱，她不会理睬你。"郑生此时有的是钱，又爱之心切，自然不顾友人劝告去结识了李娃，果然得到殷勤接待，"及旦，尽徙其囊橐，因家于李之第"，也就是干脆搬到李娃那里住了。结果如何？"岁余，资财仆马荡然"，郑生成了一个穷光蛋。平康娼家是从不接待容纳贫人的，鸨母便设计将郑生抛弃了。

娼家要钱，这很自然。问题是娼女也是人，有时也会动起真感情，或者会因为想挣脱牢笼而亟愿从良，这就使她们与某些文士的关系超越了金钱肉体的买卖，而带上了友情、恋爱的色彩。《李娃传》后半讲述的就是李娃与郑生真心相爱，在郑生穷极潦倒、濒临死亡时，仗义救助了他，并帮助他苦读数载,终于科举高中、功成名就的故事。李娃、郑生终成眷属,李娃还获得了汧国夫人的封号。虽然这样的结局理想化成分很重、真实性有限,但到底反映了生活的另一个侧面、另一种可能。

李娃、郑生的结局颇具中国式"大团圆"的喜剧意味,但更多的妓女与文人相恋还是以失败告终。他们的社会地位悬殊,一般礼法之家很难允许从良的妓女以正室的身份进入,甚至充作偏房也不被允许。

《北里志》的作者孙棨结识妓女王福娘后,发现她常在宴洽之际惨然悲郁,问她为什么,她说出了不愿久做娼女的心事:

> 此踪迹安可迷而不返邪?又何计以返?每思之,不能不悲也。

孙棨好言安慰了她。他日,福娘突然给孙棨一封诗笺,末了,明确问他:"仙郎有意无?"这可不是说几句空话就能解决问题的了,孙棨以"非举子所宜"为由婉拒。福娘泣曰:

某幸未系教坊籍，君子倘有意，一二百金之费尔！

她怕孙棨不好开口回答，便请他以诗代言。孙棨的答诗是这样四句：

> 韶妙如何有远图，未能相为信非夫。
> 泥中莲子虽无染，移入家园未得无。

说得明白些，便是：你虽清白，但我的家庭不能接纳，我也不可能做你的丈夫。王福娘的一番打算彻底落空了。

蒋防的《霍小玉传》将妓女从良的苦心和失败的悲伤以小说笔法渲染得倍加感人：

霍小玉美丽非凡又绝顶聪明，虽沦落为娼，却不肯随便依人，定要"求一好儿郎格调相称者"。经媒人介绍才子李益，两人一见钟情，相欢之际不禁海誓山盟。小玉明确提出"妾本倡家，自知非匹"的问题，李益指天发誓，表示绝不变心。两年以后，李益以书判拔萃登科，授郑县主簿，到职之前需回东洛省亲。小玉知道他此去难保有变，悲切地提出：请李益三十岁之前专爱她一人，这样他们还有八年时间。八年之后，她打算出家，任凭李益另娶高门。李益听了这话，不觉流涕，再一次指天发誓，要与小玉白首偕老。

然而结局却是又一幕悲剧：李益未回家前，家中早给他聘定了名门望族卢氏之女，李益又不敢为霍小玉而违抗母命，于是被抛弃的便只能是霍小玉。小玉痴等李益不至，终于忧愤而死，死前获悉了李益的负心之状，死后化为厉鬼纠缠李益不休，使他得了猜忌妻妾的狂病。

李益固然是个负心汉，但归根到底，李、霍二人都是封建制度（从家族制度、婚姻制度到娼妓制度）的牺牲品。

无论在什么社会，个人感情总敌不过社会的力量，这在古代中国尤甚。曾在唐代文人中盛传的欧阳詹与太原乐妓的生死之恋，并不是因为文士负心，也不是因为娼家爱财，但最后还是双双死去。欧阳詹非要进京取得功名以后才肯去迎娶，乐妓终于在无望的等待中死去。詹见到她的遗物，也就一恸而卒。这不是说明爱情的力量再强，也敌不过功名的诱惑和舆论的压力吗？爱情至上，在古代中国是行不通的。

所以，对于自己在诗中承认"十年一觉扬州梦，赢得青楼薄幸名"的杜牧，人们在批评他轻薄无行的贵公子习气时，是否也该客观地看到他的冷静、超脱和始终不陷于无益无望之情网的理智呢？

　　嫖妓宿娼，唐人常事。恐怕很难要求投身风流薮泽的人们不是为了去寻欢作乐，而是去寻求或付出真挚的爱情。事实上出入青楼之人也必定是痴情者寡、薄幸者众，只不过无人肯像杜牧那样坦然承认而已。

唐人的婚俗

唐人婚配讲究门当户对，尤其是那些山东士族、高门大姓，什么博陵、清河之崔氏，陇西、赵郡之李氏，荥阳郑氏，太原王氏以及范阳卢氏等门阀世家，往往只愿相互结亲，不肯与旁姓通婚。

有的大姓之家后来败落萧条，不得不与朝中新贵攀亲。但由于是名门之女，索要的聘金彩礼远高于一般人家，仿佛门阀族姓也有不同价格似的。

每年的新进士，是各有女待嫁之家瞩目的对象。五代人王定保《唐摭言》记载进士放榜以后，有种种庆贺活动，包括慈恩寺宴、杏园宴、雁塔题名、曲江大会等，不一而足。同时，这也就是新进士择偶的良机：

> 曲江之宴,行市罗列,长安几于半空。公卿家率
> 以其日拣选东床,车马阗塞,莫可殚述。

难怪古人要将"金榜题名"与"洞房花烛"当作两件相关的事并提。诗人李商隐的同年好友韩瞻,很可能就是这样被泾原节度使王茂元家选中的。韩瞻去泾州(今甘肃泾川)成婚,又回长安督造岳父出资修建的新宅,新宅造好,迎来新娘,大宴宾客,当时尚未与王家结亲的李商隐写诗一首戏赠:

> 籍籍征西万户侯(指王茂元),新缘贵婿起朱楼。
> 一名我漫居先甲(商隐进士名第在前),千骑君翻在上头(韩婚娶却早一步)。云路招邀回彩凤,天河迢递笑牵牛。南朝禁脔无人近(戏谓韩为王氏婿,如同禁脔,他人不得窥视染指),瘦尽琼枝咏《四愁》。
> ——《韩同年新居饯韩西迎家室戏赠》

后来,李商隐也娶了王茂元的女儿,与韩成了连襟,俗云"一担挑"。

这里所说,都是仕宦之家,因此婚礼隆重。若是平民

或白衣之士当然就不必如此。像传奇小说《虬髯客传》描写李靖娶私奔从他的红拂女，就非常自由而简单，径自同居，于必要时"雄服乘马，排闼而去"便可。

唐人颇豪放，故男女接触的机会较多，关于自由恋爱以至婚配的传说故事也就较多，尤其是士子与妓女之间。

也有权豪之家而意外开通的。如号称"口蜜腹剑"的奸相李林甫，就允许其六个女儿在他接待客人的厅事横窗的绛纱幔后窥视来访的贵族子弟，"自选可意者事之"（《开元天宝遗事》）。林甫为人品节有疵，然此种民主择婿而不包办的做法却很难得。

窥幕择婿的故事还有一个：江东才子罗隐以诗投相国郑畋，其女为罗的诗才吸引，有非罗莫嫁之意。罗访郑畋，其女满怀希望在帘后窥望，谁知罗隐虽然才高长得却很难看，郑女从此打消了嫁他的念头，连他的诗都不再吟诵了。平心而论，此女以貌取人又因貌而累及其诗，未免浅薄可笑，但婚姻一事绝非儿戏，早早止步倒也避免了以后的悲剧。

所谓红线系足，前生缘定，是许多唐人深信的观念。《续玄怪录》中《定婚店》一篇，将婚姻前定绝难改变的意思表达得很充分。月老告诉韦生，他看到一个瞎眼婆子手中所抱的三岁幼女乃是他命中之妻。韦生意欲挣脱命运，令人去杀死女婴,那人奉命执行,却只用刀扎伤幼女额。十四年后,韦生娶一刺史之女,谁知竟是此女。听完此女对幼年被人刺伤的陈述,他才信服了多年前月老的话。

唐人婚礼中有许多民俗节目,反映着人民的文化心理。《酉阳杂俎·礼异》云:

> 婚礼纳彩,有合欢、嘉禾、阿胶、九子蒲、朱苇、双石、绵絮、长命缕、干漆。九事皆有词:胶、漆,取其固;绵絮,取其调柔;蒲、苇,取其为心可曲可伸也;嘉禾,分福也;双石,义在两固也。

总之是希望新妇性情柔和,婚姻牢固长久。

有许多习俗来自北方民族,像设青庐(以青布幔为屋),于此行礼交拜。迎亲动辄百十人,至嫁女家俱呼"新妇子催出来",直到新娘登车方止。女婿拜阁(俗谓回门)之日,妇家亲朋妇女毕集,各以竹杖打婿为戏乐。

李公佐《南柯太守传》写淳于棼被赘于槐安国公主,许多细节将上述民俗形象化了。如订婚之夕"羔雁币帛,威容仪度,妓乐丝竹,肴膳灯烛,车骑礼物之用,无不咸备",接着有女方亲戚女眷多人前来"遨游戏乐,往来其门,争以淳于郎为戏弄。风态妖丽，言词巧艳，生莫能对"。结婚之夜，淳于棼由两傧相为伴送往宫中，"有执烛引导者，亦数十。左右见金翠步障，彩碧玲珑，不断数里。……向者群女姑娣，各乘凤翼辇，亦往来其间"。到目的地，"令生降车辇拜，揖让升降，一如人间。彻障去扇，见一女子，云号金枝公主"。这完全可以印证《封氏闻见记》所说的"近代婚嫁，有障车、下婿、却扇及观花烛之事"。

障车等事似乎是围观迎亲队伍者所为，而需迎亲者施以酒食、钱财才能让队伍通过。这从太极元年（712）左司郎中唐绍的上表中可以窥见一二：

> 往者下里庸鄙，时有障车，邀其酒食，以为戏乐。近日此风转盛，上及王公，乃广奏音乐，多集徒侣，遮拥道路，留滞淹时，邀致财物，动逾万计。遂使障车礼贶，过于聘财；歌舞喧哗，殊非助感。既亏名教，又蠹风猷。（《唐会要·嫁娶》）

障车礼贶超过聘财，实在是一笔大数目，唐人结个婚也着实不易呢。难怪后来颜真卿等又奏请停障车、下婿及却扇诗等，试图以礼法来纠正陋俗。

翰林生活掠影

唐人多以得入翰林院为荣为贵。的确，唐时由翰林学士而出任宰相，成为一人之下、万人之上的首辅者，颇为不少，如张说、张九龄、李德裕都是，难怪人们予以重视。

其实翰林院并不是独立有专司的官署，翰林学士也无定员、无品秩官属。当唐玄宗初置翰林院时，被召入的乃是各种身怀特艺的人才，有词学、经术、合炼、僧、道、医、卜、祝、书、棋等方面，统称为"翰林待诏"，有随时等待皇帝召见、任使之意。李白来到长安，诗名传到御前，就曾待诏翰林。玄宗与杨贵妃于兴庆宫沉香亭赏牡丹，良辰美景，名花爱妃，兴致很高，不想再听旧歌词，乃宣诏李白来进新词，于是就有了著名的《清平调》词三章和高力士脱靴、杨贵妃捧砚的故事;更令人感奋的是,某次蕃夷派使者来朝,事毕要写外交答书,可是朝中无人能写蕃文,正急得没法子,忽想起翰林李白,便诏令他来起草。太白先生来后竟笔不停挥、文不加点地写出一篇宣扬大唐国威、镇抚蕃邦的《和蕃书》,轻松而漂亮地完成了这个紧急外交公务。这就是后来小说中艳传的所谓"太白醉草吓蛮书"的故事。

翰林学士或称翰林供奉,有的本是白衣,多数另有官职,上至正三品的六部尚书,下至九品的校书郎,均可兼任,从而接受皇帝的宣接差遣。翰林学士的头儿叫"翰林承旨学士",由学士中的资深者担任。

大概为了显示对翰林学士的尊崇,入院后便让宫廷画师为他们写真留影。当时没有照相技术,画像能被置于宫中如凌烟阁功臣一般,是一种莫大的光荣。白居易元和五年(810)以左拾遗而兼任翰林学士,即曾奉诏写真于集贤殿御书院,时年三十七岁。这是他引以为自豪的事,所以当他七十一岁再次画像于香山寺藏经堂作诗为纪时,便在《香山居士写真诗》的小序中追叙了往事。

翰林学士最重要的任务是起草"内制"。所谓"内制",指以皇帝名义直接发出的将相大臣之任免、大赦征伐的号令等军国大事的诏制,因用白麻纸书写,故称"白麻"。相比起来，那些由中书舍人、知制诰起草，用"黄麻纸"写成的诏令，即所谓"外制"，其重要性就差得多了。

安史之乱之后，用兵频繁，翰林学士参与深谋密诏，权任日益加重。陆贽在德宗时任翰林学士，极被倚重，其实际地位超过宰臣，谋猷参决多出于他，当时目为"内相"。宪宗时代的承旨学士更是独承密命，凡"大诰令、大废置、丞相之密画、内外之密奏，上之所甚注意者，莫不专受专对，他人无得而参"（元稹《承旨学士院记》）。

翰林院确实为唐朝储备过许多有用之材。像盛唐名相张说、张九龄，中唐名臣陆贽、元稹和会昌年间掌国柄多年的李德裕，都曾做过翰林学士。穆宗长庆年间，元稹、李德裕和李绅同在禁署为翰林学士，时称"三俊"。

进入翰林院，有时需经考试。考试科目为制、书、答、诗各一篇，后又加赋一首，合谓"五题"。白居易于元和二年（807）始由集贤院召入翰林，即曾奉敕试制书诏批答诗等五首。

担任翰林学士之后即要轮流值班，随时支应皇帝的差遣。不但白天上班，而且夜晚不时要留宿于禁中。白居易的诗集中就有许多值夜时写的作品。有一首《冬夜与钱员外同直禁中》云：

夜深草诏罢，霜月凄凛凛。

欲卧暖残杯，灯前相对饮。

连铺青缣被，对置通中枕。

仿佛百余宵，与君同此寝。

把翰林学士值夜班时工作、饮食、住宿的情况写得相当分明。翰林之间禁中唱和诗颇多。还有一首《八月十五日夜禁中独直对月忆元九（稹）》也值得一读：

银台金阙夕沉沉，独宿相思在翰林。

三五夜中新月色，二千里外故人心。

渚宫东面烟波冷，浴殿西头钟漏深。

犹恐清光不同见，江陵卑湿足秋阴。

此时元稹被贬江陵，任士曹参军，白居易同情不畏权势、纠弹不法的友人，遂写此诗相寄。

看来翰林学士值班似乎不算太忙，但有时也会突然有事。唐宣宗大中年间，令狐绹由吴兴太守入朝，以司勋郎中为翰林学士。一天值夜班，忽有中使（宦官）宣召，引至便殿（或云含春亭），宣宗向他询问南方民情，并与他谈论

《尚书·禹谟》、太宗遗著《金镜》,以及"任贤勿贰,去邪勿疑"的致升平之道等。谈了一支蜡烛的时间,末了,宣宗仍令中使持蜡烛送令狐绹归学士院。这就是唐文人艳称的"金莲烛送学士"之事。金莲烛(或云烛仗)是皇帝专用,用此烛仗送令狐绹回学士院,可谓莫大恩宠,乃是令狐绹即将拜相的征兆。可惜令狐绹入相之后并无政绩可言。

应该说,翰林学士是常常得见天颜的人,靠皇帝可算很近。但在他们与皇帝之间,却还有中间人,那就是由宦官担任的学士院使,真正口含天宪、颐指气使的还是专权的宦官。永贞革新时,二王虽然都是翰林学士,但他们向顺宗皇帝陈述政略和听取指示,却需要通过太监李忠言、美人牛昭容的来回转达。封建体制下,再受宠信的内外官员也比不上帝王身边的奴才和姬妾,翰林学士自然也难以例外。

安史之乱中文人的遭际

　　755年安史乱起时,诗人李白正隐居于庐山。这一年他已五十五岁,早经历过待诏翰林和赐金放还等人生浮沉。匡庐地处江西,战火一时不会延及。当时他有诗云"大盗割鸿沟,如风扫落叶。吾非济代人,且隐屏风叠"(《赠王判官时余归隐居庐山屏风叠》),显然是想做个旁观者,并无出山的打算。

　　可是命运之神不让他安宁。至德元载(756),唐玄宗诏:以永王璘为江陵府都督,统山南东路、黔中、江南西路等节度大使。这位永王颇有野心,以为趁天下大乱割据江表,可以"如东晋故事",便在江陵招兵买马,大肆扩充势力。大名鼎鼎的李太白也成了他们亟加礼聘的对象。

天真的诗人哪里了解朝廷内部斗争的复杂？哪里知道唐玄宗、肃宗和永王璘父子、兄弟之间的矛盾？他只知道永王是以皇子身份奉玄宗之命出阁率兵经营江南，只知道此时应该并力讨平安史。当然，他的从政之心不死，还以为这又是一次上天让他实现辅弼之志的机会。于是在永王派人"三请"之下，他放弃了旁观态度，下山成了永王幕府中的一员。当永王拒绝肃宗"归觐于蜀"的命令擅自领军东下广陵时，李白不知危机日近，还热情澎湃地写了一组《永王东巡歌》，其中既有歌颂朝廷、预期胜利的内容，也有自负自得的豪情。

　　然而这一切却成了"从逆"的罪状。因为唐肃宗已经把永王璘的举动定为"谋反"，并且已布置了兵力来围剿他。不到两个月，永王之师就彻底崩溃了。

　　这以后李白就倒霉了。虽然只是胁从，却也"论律当斩"，被下在寻阳的牢里。幸好有个宋若思中丞相救，但朝廷到底不肯饶恕，下诏把他"长流夜郎"，还要让罪臣李白感谢"天恩"。夜郎在今贵州省遵义附近，当时是远僻穷荒之地。垂老的李白踏上了孤凄的流放之路。只是一个偶然的机遇：乾元二年（759）因关中大旱而大赦天下，"死罪从流，流罪以下一切放免"，李白才得以东归。最后死在当涂（在今安徽省马鞍山市附近）。

李白是因为永王璘事件而遭殃的，但也有人却因此而获利。那就是他的诗友高适。当初唐玄宗派永王璘出蜀领四道节度都使，他曾进谏以为不可。后来肃宗召见他，他又"陈江东利害，且言璘必败之状"，博得肃宗信任。很快他就当上了领广陵等十二郡的淮南节度使，奉命去对付永王璘。由于在肃宗与永王的兄弟矛盾中高适站在肃宗一边，而不是像李白那样卷入永王集团，从此他的官运一直亨通，与李白的遭际简直判若天壤。

或许可以说，李、高遭遇之不同，跟他们各自的主观选择有关。这是显而易见的。但是，试问如果没有安史之乱，没有玄宗、肃宗的父子矛盾，没有唐玄宗的诏令永王璘出镇，没有永王璘与肃宗的弟兄阋墙和永王的出师东下，也没有永王军队的迅速溃散，即没有这一切李、高二人根本无法左右（甚至无从了解）的客观因素，那么李、高二人又怎会作出那样的选择，得到那样的结果呢？

在一个人的命运中起决定作用的，究竟主观选择占几分，客观因素又占几分，真是一笔算不清的账。

史载唐天宝十五载（即肃宗宝应元载，756）六月，安禄山遣将孙孝哲率兵进入长安，本人则留在洛阳，做他的大燕皇帝。接着，"命搜捕百官、宦者、宫女等。每获数百人，辄以兵卫送洛阳。王侯将相扈从车驾、家留长安者，诛及婴孩"（《资治通鉴》卷二一八）。叛军之凶狠残暴可知。

在被安史乱军俘获押送到洛阳去的官员中，有三位著名的文人：诗人储光羲、画家郑虔、诗人兼画家王维。他们的命运如何呢？

储光羲在安史乱起时，任监察御史。王维当时的官职是给事中，郑虔是著作郎。他们是否同时被俘、同时被押解洛阳，不得而知。但不愿从逆而仍忠于唐朝，这是一致的。

王维后来曾在一篇文章中追述被捕与押送的情景：

　　呜呼！上京既骇，法驾大迁。天地不仁，谷洛方斗；凿齿入国，磨牙食人。君子为投槛之猿，小臣若丧家之狗。伪疾将遁，以猜见囚。勺饮不入者一旬，秽溺不离者十月；白刃临者四至，赤棒守者五人。刀环筑口，戟枝叉颈，缚送贼庭……

正如《唐才子传校笺》的作者所言，据此段文字，可知王维之"服药取痢，伪称喑疾"（《旧唐书·王维传》），乃欲借机逃离长安。又，王维系在备受折磨、侮辱之后，被叛军捆缚，强行押送至洛阳，所谓"禄山素怜之，遣人迎置洛阳"，恐非事实。

王维是如此，官位比他低得多的储光羲、郑虔想来不会比他有更好的待遇。

下一步便是"迫以伪署"，即强迫他们在大燕的伪政权中任职。储光羲被授予何职，史无明文。郑虔的伪职，据《新唐书·郑虔传》记载，是水部郎中，王维则仍旧任给事中。

但是他们都没有就职。王维继续装病，"被拘于普施寺"。郑虔"称风缓，求摄市令，潜以密章达灵武"。储光羲索性逃跑，先向南到江汉，再觅路北上，终于"归国"，即到达肃宗当时驻节的"行在"灵武。应该说，这几位被匆忙西逃的唐玄宗抛弃的官员，是尽其所能反抗了安史乱军而显示了对李唐王朝的忠诚。

他们的下场和结局如何呢？

储光羲最惨，他一到灵武，就被投入了监狱，尽管他是脱身自归的。他感到很委屈，在《狱中贻姚张薛李郑柳诸公》诗中写道："中夜图圄深，初秋缧绁久。……鬼哭知己冤，鸟言诚所诱。"其实他应该懂得，像杜甫那样吃尽千辛万苦,弄得"麻鞋见天子,衣袖露两肘",也不过给了个左拾遗的小官,他储光羲身沾被授伪职的污点,仅让他下狱接受隔离审查,算是挺客气的了。

他在灵武狱中关了多久,不甚清楚。反正唐肃宗至德二载(757)十二月,朝廷经过一场激烈辩论,决定对诸陷贼官"以六等定罪。重者刑之于市,次赐自尽,次重杖一百,次三等流贬"。储光羲遭到贬窜岭南的处分,这应该算是罚得很轻的了。大概就在这时,他便出狱南行了。后来,虽然唐政府曾发布大赦令,但储光羲并未北返,就死在了异地他乡。

王维和郑虔在唐军收复长安后,被投入宣阳里杨国忠旧宅改成的临时牢狱等候处理。在关押期间发生了一件事。当时的宰相崔圆知道王、郑(还有一个叫张通的)善画,便利用职权把他们叫到自己的府第去作壁画。这几位因犯"望其解救,故运思精深,颇极能事"(郑处海《明皇杂录》)。据说他们因此"皆获宽典,至于贬降,必获善地"。

郑虔被贬为台州司户参军。台州即今浙江临海。这位广文先生诗书画皆极精,他的作品曾被玄宗赞为"郑虔三绝"。可是他的遭际也实在坎坷。开元末,他已届老年,只因"集缀当世事,著书八十余篇。有窥其稿者,上书告虔私修国史,虔苍黄焚之,坐谪十年"(《新唐书·郑虔传》)。后来回京,当广文馆博士,用杜甫的话说,是个"冷官":"诸公衮衮登台省,广文先生官独冷。甲第纷纷厌粱肉,广文先生饭不足。"(《醉时歌》)至德二载(757)贬台州时,他已七十开外,却依然不能避过此劫。当时他的挚友杜甫送行不及,有诗申说悲愤痛切之情,云:

郑公樗散鬓成丝,酒后常称老画师。

万里伤心严谴日,百年垂死中兴时。

苍惶已就长途往,邂逅无端出饯迟。

便与先生应永诀,九重泉路尽交期。

（《送郑十八虔贬台州司户伤其临老陷贼之故阙为面别情见于诗》）

古人的友谊令人感动。对于身背黑锅的朋友,不是避之唯恐不及,而是敢于如此同情哀怜,甚至敢于把他比为握节回归的汉臣苏武,赞叹他"白发千茎雪,丹心一寸灰",今人简直难以想象。

几年以后,郑虔在台州去世,但是杜甫依然对他怀念不已。大历二年(767)所作的《八哀诗》,其中第七首就是写郑虔的。

比起储、郑二人,王维要算最幸运。他在被安禄山关押期间,有感于国势之危殆和叛贼的猖狂,曾作诗一首,云:

万户伤心生野烟,百官何日再朝天?
秋槐叶落空官里,凝碧池头奏管弦。

这就是著名的《凝碧池》。因为有这一首可以证明他对李唐朝廷忠心的诗,更因为至德初他的弟弟王缙官位已显(任刑部侍郎),上表愿削己官职以赎兄罪,或者还有曾要他作画的宰相崔圆的暗中帮忙,所以王维虽有任伪给事中之罪,却并没有被贬逐,而只是降职为太子中允,不久又迁升为太子中庶子,复拜给事中,最后做到尚书右丞,所以人们习惯称他为王右丞。

储、郑、王三位文人晚岁生涯受外界力量的制约和推移,可谓巨矣。看了他们的经历,我们或许可以说:对大多数人而言,时势就是命运,个人能够控制把握的程度委实是很小的。

富可敌国的巨商

　　《太平广记》卷四九五引述一篇出自《西京记》的故事说：

　　西京长安怀德坊有个外号邹骆驼的富商，"其家巨富，金宝不可胜计。常与朝贵游。邸店园宅，遍满海内，四方物尽为所收"。他的女儿出嫁，遍邀朝士观礼，宾客数千人，从婚礼前夜即开始招待。次日新娘在大量侍婢簇拥下出来，几百个艳丽华装的女子围着新娘，简直叫人分不出谁是新娘，谁是侍婢。有一次他晋谒高宗皇帝，竟请求用每棵树一匹绢的价钱买下终南山中全部大树，并对高宗说："您终南山的树全卖给我，我的绢也用不完！"

　　同书同卷还记载另一个类似的故事。主人公叫王元宝。有一次唐玄宗问他："听说你很富，究竟有多少家私？"他答道："臣请以绢一匹，系陛下南山树。南山树尽，臣绢未穷。"唐玄宗不得不承认："我闻至富可敌贵。朕天下之贵，元宝天下之富，故见耳。"

两个故事都以藏绢之多与南山树木相比以说明巨商之富，很明显带有民间传说夸张渲染的意味。但从故事中可看出几点：

第一，唐代商业繁荣，财货逐渐聚集于少数巨商之手。

第二，巨商之富可以敌国，皇帝公卿百官群僚均愿与之交往，商人的社会地位在上升。

不过这类富商下场多半不好。邹骆驼"后犯事流瓜州，会赦还。及卒，子孙穷匮"。另一个叫郭七郎的巨商，其子虽以数百万买得横州刺史之官，但上任途中遇到不幸，最后流落江湖，成为船上的艄公（《太平广记》卷四九九《郭使君》）。

郭使君的故事向我们透露了富商积极求仕的动向。事实上，他只需舍出数百万钱财，便自有"卖爵者"满足他的要求。

此类事在唐朝历史上也是由来已久。早在中宗、韦后执政时期，就有太平、安乐等公主"纳訾售官，降墨敕斜封授之",谓之"斜封官"。这种官员便"皆出屠贩"——当然是屠夫商贩中拿得出钱财的富豪之辈(《新唐书·中宗八女传》)。到了穆宗长庆年间,由于皇帝"优假将卒,以求姑息","于是商贾胥吏,争赂藩镇,牒补列将而荐之,即升朝籍"(《资治通鉴》卷二四二)。至于唐朝后期吏治大坏,朝廷及宦官们卖官鬻爵的事更比比皆是。

商人有了钱,要在政治上求发展;反过来,各级官吏手中有权,就不免运用权力谋取财富。唐朝前期已有不少贵族官僚修建店铺,开设邸店、质库(当铺),从事商业和高利贷活动。后期情况更为严重,以致唐武宗在《会昌五年(845)加尊号后郊天赦文》中不得不这样说:

古者受禄之家,食禄而已,不与人争业,然后利可均布,人可家足。如闻朝列衣冠,或代承华胄,或在清途,私置质库楼店,与人争利,今日已后并禁断,仍委御史台察访闻奏。

当然,这类文告总是雷声大雨点小,武宗在那里痛心疾首,煞有介事,那些以权经商的人却还是依然故我。

地方上的大吏如节度使、观察使做生意就更自由而起劲了。《唐会要·市》记道:"诸道节度、观察使,以广陵(扬州)当南北大冲,百货所集,多以军储货贩,列置邸肆,名托军用,实私其利息。"代宗曾下令制止,据说有点效力,但从上引武宗的话推想,后来的回潮恐怕会更逾从前。

今人韩国磐《隋唐五代史纲》(修订本)列举许多大商人转化为官僚地主和官僚经商做生意的材料后,指出在中国古代社会中,"官僚、地主、商人完全是三位一体的","许多大官僚也就是大商人,亦官亦商,从两方面来剥削人民"。这无疑是很平实而又很正确、很有启发性的结论。

扰民的宫市

白居易《新乐府》有《卖炭翁》一首,历来脍炙人口:

> 卖炭翁,伐薪烧炭南山中。满面尘灰烟火色,两
> 鬓苍苍十指黑。卖炭得钱何所营,身上衣裳口中食。
> 可怜身上衣正单,心忧炭贱愿天寒。夜来城外一尺
> 雪,晓驾炭车辗冰辙。牛困人饥日已高,市南门外泥
> 中歇。翩翩两骑来是谁,黄衣使者白衫儿。手把文书
> 口称敕,回车叱牛牵向北。一车炭,千余斤,宫使驱将
> 惜不得。半匹红纱一丈绫,系向牛头充炭直。

非常生动真实地描绘了中唐之世扰民的宫市。作者

虽未在篇末发议论,却在题下小序中明确点出内含的主题:苦宫市也。

何谓宫市?韩昌黎的《顺宗实录》讲得清楚:从前宫中有需要,买外物,令官吏主办,在街市交易,按货给钱。德宗贞元末,改由宦官为宫市使,买人东西惯于压价。后来干脆置"白望"数十人于长安东、西两市和闹市,阅看人家的货物,只要宣称是宫市,就要人家给他,而价钱之低难以想象,往往只用百钱之物就非换人家值数千钱的货不可,并且还要向卖主索讨进奉门户和脚价钱。这样,就造成有人上街卖物而弄得空手归去的现象。名为宫市,其实就是劫夺。

打着皇宫需要的旗号,光天化日之下在街市行抢和勒索,不管百官怎么苦谏、百姓如何愤怒,处于城狐社鼠地位的宦官依然我行我素,上下勾结,残民以逞。这就是宫市的实质,是当时剥削的一大特色。

跟宫市可以比恶的,是宣徽院五坊小使。五坊者,雕、鹘、鹰、鹞、狗坊也,隶属于内宫苑使,主事的也是一群宦官,职司是为皇帝饲养调理狩猎用的禽兽。

也是唐德宗贞元末,五坊小儿仗势横行,敲诈勒索百姓达到史无前例的程度。他们在街坊间里井台张罗网、捕鸟雀，居民无法正常出入与打水，谁走近了，他们便一拥而上，骂道："你胆敢惊跑供奉鸟雀!"把人家痛打一顿，逼得被打者拿出钱财求饶，才算罢休。

有时他们到酒肆饭铺大吃大喝，酒醉饭饱扬长而去，如果店主不识相，竟敢索讨饭钱酒资，不是遭一顿殴詈，就是被他们进一步讹诈。他们会留下一筐蛇，告诉店主说：这蛇是为宫苑捕鸟雀之用而养的，就留给你，你好好侍候着别让它饥渴了! 请问到这一步，谁还不明白该怎么办呢？不但不再提饭钱酒资的事，而且千求万谢、百般哀告，五坊小儿才将蛇筐带走。

他们到处打秋风，"每岁秋，按鹰犬于畿甸，所至官吏必厚邀供饷，小不如意，即恣其须索，百姓畏之如寇盗"（《旧唐书·裴度传》）。

而且他们倚仗皇帝之威势，竟敢凌辱、诬告不买账的朝廷命官。某次五坊小使在下邽县受到冷遇，回京构陷县令裴寰对上有亵慢之言，唐宪宗竟下令逮捕裴寰，要论他的"大不敬罪"。宰相武元衡以理相劝，帝怒不解。裴度再争，才算保住这位县令。五坊小儿的横暴与有恃无恐，难道是偶然的吗!

生活于专制制度下的臣民，常不免受到贪官恶吏的欺侮。这些贪官恶吏罪行严重、民愤滔天却得不到整肃惩治，说明他们必有强硬坚实的后台。而在所有的后台中，皇帝又是最大最有力的。大小宦官之所以胆大包天、无恶不作，所倚恃的就是其皇帝家奴的特殊身份。扰民的宫市和五坊小使之类之所以从天宝经大历至贞元，五六十年间愈演愈烈，原因就在于此。

私家园林证沧桑

诗人杜甫晚年流寓西南,在成都浣花溪旁筑屋而居。其茅屋为秋日风雨所坏,曾作《茅屋为秋风所破歌》咏当日苦况,诗末云:

> 安得广厦千万间,大庇天下寒士俱欢颜,风雨不动安如山!呜呼,何时眼前突兀见此屋,吾庐独破受冻死亦足!

看来唐代大批寒士的居处即居住问题,是相当严重的,幸赖杜甫的描述,我们才有所了解。寒士如此,更不必说那些地位更低、贫无立锥之地的穷苦百姓了。

对比那些官僚贵家所拥有的府第别墅、华林广园,其悬殊与不公平简直令人触目惊心,虽千百载之后亦不能不扼腕叹愤。

"凡入仕为丞尉,即营第宅"(《旧唐书·李义琰传》),这就是说,唐时只要做到县级的辅佐小官,便无不忙着修建住房,这已形成一种常规和风气。所以宰相李义琰之弟劝哥哥大兴土木,说得非常理直气壮:"兄官高禄重,岂宜卑陋以逼下也?"

如果根据需要适当修建,倒也罢了。但许多人并不是这样,往往过分地追求宽广宏敞乃至豪华侈丽,不但在京中拥有巨宅甲第,而且在郊区或他处还占有大小不等的别墅。

我们来看几个例子。高宗时的王方翼,父亲死后受同族排挤,与母亲住在凤泉别业。"时方翼尚幼,乃与佣保齐力勤作,苦心计,功不虚弃,数年辟田数十顷,修饰馆宇,列植竹木,遂为富室"(《旧唐书·王方翼传》)。这个凤泉别业占地之广可想而知。

被誉为中兴名将的马璘,在京师修有豪华宏侈的第宅,单一个中堂,即费钱二十万贯,其他室宇的建筑水平也大致与之相应,其园林山池尤其广袤讲究。马璘生前住宅不对外展示开放,但名声很大,以至于他死后许多人争着以凭吊为名前来一睹为快。后来德宗将马氏家园收归国有,成为公卿赐宴聚会的场所。

中唐名臣杜佑,除京中府第外,在长安"城南樊川有佳林亭,卉木幽邃,佑每与公卿宴集其间,广陈妓乐"。其子杜式方,"甲第在(长安)安仁里,杜城有别墅,亭馆林池,为城南之最"(《旧唐书·杜佑传》)。

翻阅旧史,这一类例子可谓俯拾即是:

张延赏,东都旧第在思顺里,亭馆之丽,甲于都城。

令狐峘,南山豹林谷有别墅。

胡证,于京城修行里起第,连亘间巷。

裴度,东都立第于集贤里,筑山穿池,竹林丛翠,有风亭水榭,梯桥架阁,岛屿回环。又于午桥创别墅,花木万株,中起凉台暑馆,名曰绿野堂,引甘水贯其中,酾引脉分,萦带左右。

牛僧孺,洛都筑第于归仁里。任淮南时,佳木怪石,置之阶廷,馆宇清华,竹木幽邃。

李德裕,在长安私第别构起草院,院有精思亭。东都于伊阙南置平泉别墅,周围十余里,台榭百余所,四方奇花异草与松石,靡不置。

白居易，在东都履道里有第，占地十七亩，中有屋舍、池台、岛屿、竹木花树，有所谓池东粟廪、池北书库、池西琴亭，有得自天竺、太湖的奇石、仙鹤、白莲，有西平桥、中高桥通三岛径。

司空图，隐居中条山王官谷，其庄园周回十余里，泉石之美，冠于一山。北岩之上，有瀑泉流注谷中，溉良田数十顷。

韦宙，在江陵府东有别业，良田美产，最号膏腴。

看来，唐代官僚无论正邪廉贪贤不肖，都有喜欢修饰府第别墅以享乐者，在这方面特殊化现象十分严重。官僚如此，皇亲国戚就更不用说了。下面仅举一例以概一般：

中宗之女长宁公主下嫁杨慎交，西京的府第不算，又另造第于东都洛阳。使杨务廉营总，第成，府财几竭。又取西京高士廉第（高为贞观名臣）、左金吾卫故营合为宅。右属都城，左俯大道，作三重楼以凭观，并筑山浚池。又并坊西隙地以扩充鞠场。东都有废永昌县，公主又取其县治为自己的府第。因为那地方濒临洛水，特筑堤为障。崇台蜚观相联属，花费在二十万以上。魏王李泰的故第占了一坊之地，泰薨，地面给了老百姓，公主又买下了这片地，大造亭台楼阁，其华诡侈丽与西京府第差不多。可惜东都府第造成，公主与驸马还来不及居住，公主的靠山、皇后韦氏就败亡了。杨慎交贬绛州，公主偕往。于是豪华的东都府第改为景云祠，西京的府第拍卖，单单木石等建筑材料就值二十亿万钱。

当时舆论对如此铺张的建筑风气自然非常不满，诅咒其为"木妖"。国家法令对此也有明确限制。德宗、文宗都曾下过诏令，规定王公之居不施重拱藻井，三品官堂五间九架，以下递减，至七品则限三间五架，庶人四架等。然而写在纸上的诏令，并没有人认真理睬，皇帝和监察部门也很少真的按律令办事，加以纠正。

每个修建府第别墅的人无疑都想将其保之久远，可是实际上又哪里办得到？上面提到，马璘的家园在他死后充了公；长宁公主的府第，西京的卖了，东京的变成了寺庙；还有著名的蓝田辋川庄，先由宋之问之手转入王维名下，王维晚年又以信奉佛教为名舍之为寺。

最悲惨而具讽刺意味的是李德裕。作为会昌一朝的宰臣，他可以说功高望重；但作为他辛苦缔建的平泉山庄之主，又实在庸俗糊涂得可以。他一面竭尽全力为别墅采天下奇花异竹、珍木怪石，一面著文立嘱："鬻吾平泉者，非吾子孙也。以平泉一树一石与人者，非佳子弟也。"（《平泉

山居诫子孙记》）

可是又有什么用呢？宣宗即位，他和他的儿子一起远
徙海南，平泉山居已非他所有。黄巢兵后，李氏花木更为
多人移掘鬻卖。一块当初李德裕最宝爱的醉醒石，落入一
个监军的宦官之手。德裕之孙托人泣求索还，那宦官忿然
厉声道：

　　黄巢败后，谁家园池完复？岂独平泉有石哉！

这个宦官固然强横霸道，但所说的倒是一句大实话，
颇反映了当时诸家园林破损遭劫的情况。

史家评论："夫德裕，忘其父（吉甫）一宅之外无他第墅
之美，而溺志于游处，身日蹈危机而不自知，不以清德诒子
孙，并不能以经籍文艺垂教，而殷殷以卉木为属，可不谓之
悖乎？"（吕思勉《隋唐五代史》）可是从来的权豪贵臣又有
几个能由此汲取必要的教训呢？

茶神和茶仙

　　饮茶、种茶、焙制茶叶,在中国有极悠久的历史。至迟在春秋时期,已经有人在享用了,《晏子春秋》中就提到晏婴相齐时有啜茗的习惯。

　　说到唐朝的茶事,我们不能不想到两个最有名的人物:茶神(或称茶圣)陆羽和茶仙卢仝。这两位,一个著有《茶经》,是有史以来关于茶事的第一部专著,其中包括论渊源、采制之具、造法、煎煮之器、煮法、饮法等内容,今日在清编《四库全书》中还可看到。由于他的贡献,"天下益知饮茶矣",于是他得到无上崇敬:"时鬻茶者,至陶(陆)羽形置炀突间,祀为茶神。"(《新唐书·陆羽传》)

　　卢仝被誉为茶仙,则是因为写了一首精彩的饮茶之

诗,将唐朝的贡品阳羡新茶之美和品尝痛饮之乐描绘得活灵活现。这首题为《走笔谢孟谏议寄新茶》的诗颇长,其中有这样一段:

> 柴门反关无俗客,纱帽笼头自煎吃。碧云引风吹不断,白花浮光凝碗面。一碗喉吻润,两碗破孤闷;三碗搜枯肠,唯有文字五千卷;四碗发轻汗,平生不平事,尽向毛孔散;五碗肌骨清,六碗通仙灵;七碗吃不得也,唯觉两腋习习清风生。蓬莱山,在何处?玉川子(卢仝自号),乘此清风欲归去。

读后令人感到,这位诗风独特的卢仝先生在大喝顾渚新茶之时,确有飘飘欲仙之致矣。

其实在唐朝喜饮茶、善饮茶并写有相关作品者大有人在,陆羽、卢仝之出名,不过是适逢其会地充当了代表而已。

比如唐德宗就爱好煎茶,喝时还要加入酥椒之类。他的宰相李泌在旁凑趣,说他"旋沫翻成碧玉池,添酥散出琉璃眼"(《海录碎事》)。

颜真卿、卢纶、白居易、元稹、李德裕、施肩吾、武元衡、李群玉、薛能等都写有茶诗,显示了对茶的深厚感情,诗也写得各极其妙。陆龟蒙更置园于顾渚,岁取租茶自判品第,意欲续写《茶经》。

不但中原地区,即使边境地带、少数民族也都有饮茶习惯。有个叫常鲁的,出使到西蕃(当指吐蕃)。一日在自己帐中烹茶。番人问他在做什么,他说:"为了涤烦疗渴,所以煮点茶喝。"番人告诉他,他们也有,叫人拿出来指给他看:这是寿州茶,这是顾渚茶,这是蕲门茶,等等。这里提到的都是内地的名茶,可见番人饮茶也很考究而且内行。吐蕃以外,回纥与唐也有马、茶的互市。

唐时的制茶业已很发达,产茶区几乎遍于南方。李肇《国史补》卷下记述道:"风俗贵茶,茶之名品益众。剑南有蒙顶石花,或小方,或散牙,号为第一。湖州有顾渚之紫笋,东川有神泉、小团、昌明、兽目,峡州有碧涧、明月、芳蕊、茱萸簝,福州有方山之露牙,夔州有香山,江陵有南木,湖南有衡山,岳州有浥湖之含膏,常州有义兴之紫笋,婺州有东白,睦州有鸠沉,洪州有西山之白露,寿州有霍山之黄牙,蕲州有蕲门团黄,而浮梁之商货不在焉。"当然,唐时名茶远不止上述那些,但仅此已足见名茶品种之多,产地之广。

因为饮茶者多，所以茶肆遍于国中。"自邹、鲁、沧、肃渐至京邑，城市多开店铺，煮茶卖之，不问道俗，投钱取饮"（《封氏闻见记》），犹如今日北京之喝大碗茶，甚至像投币喝冷饮，普及而且方便。

贩卖茶叶者因此很容易发财。《唐阙史·崔碣篇》说到一个叫王可久的估客，"岁鬻茗于江湖间，常获丰利而归"。白居易《琵琶行》中那个"老大嫁作商人妇"的琵琶女，她丈夫就是茶商。"商人重利轻别离，前月浮梁买茶去。去来江口守空船，绕船月明江水寒"，她这样向诗人诉说着难堪的孤寂与苦闷。

既然茶叶利大，国家就不会不闻不问。果然，自唐德宗建中初年起，就多次想开征茶税，但又几次暂停。到贞元九年（793）正月，终于依诸道盐铁使张滂奏议"于出茶州县，及茶山外商人要路，委所由定三等时估，每十税一，充所放两税"，"自此每岁得钱四十万贯"（《旧唐书·食货志》）。

但征收茶税，正如国家收管盐铁禁止私贩私运一样，必然与民争利，引起矛盾冲突。唐文宗大和九年（835）甘露之变中被宦官杀死的宰相王涯，本是冤枉的，但因他兼领榷茶使，勒剥人民过甚，所以百姓非但不同情他，在他被处死于西京独柳树下时,大家还拿砖块瓦砾狠命砸他。

随着茶事的兴隆,其他有关行业也发展起来。煮茶要用容器,茶注(壶)、茶托(盘)均是陶瓷制品,于是擅烧青瓷茶具的越窑、白瓷碗盏的邢窑和彩釉瓷壶的长沙窑等便纷纷崛起,各逞所长,陶瓷业因而愈益发达。

关于水质的研究,因与茶事相联系,也成为一种专门学问。陆羽《茶经》曾专论水质品第,如品评泉水,以庐山谷帘泉为第一,慧(惠)山泉居第二。刘伯刍《水品》、张又新《水说》都是论水的专著,列水为七等,虽然具体排名有所参差。

有些则是辨水质优劣的实践家,如李德裕。扬子江水流至京口金山附近分为三泠,李德裕最爱中泠水(亦称南泠水),与刘、张的看法暗合。在泉水中,他最爱无锡惠山泉,可见其口味很高,品茶也是很内行的。

据说茶树移植则不活,古时聘娶以茶为礼似乎即有取于此义。茶汁外用又有消炎解毒之效,民间常用以洗涤伤口创面。总之,茶与中国百姓关系十分多面而密切,所以俗话中将其与柴米油盐酱醋等并列为"开门七件事"之一。茶神、茶仙出现在唐代,可以说是其时茶事已发达到相当高度的一个标志。

神医孙思邈和唐朝医学

孙思邈是唐代著名的神医，也是中国医史上重要人物之一。说到唐朝的医学，就不能不提到他。

关于孙思邈的记载和传说很多。新、旧《唐书》有他的传记。《千金方》则是他最重要的医药学著作，据说其中包含了龙王所赠的三十个绝密仙方，所以价值特别高。

传说有一年关中大旱，形势严重，朝廷很着急。一个西域胡僧自告奋勇，说可以在昆明池结坛祈雨。皇帝下诏，命令照办。七日过去，雨没下来，昆明池水却浅了几尺，快见底了。这天夜里，终南山高僧宣律和尚那里来了一位不速之客，是个老头，对宣律说："请救救我，我是昆明池龙，天不下雨，不能怪我。胡僧欺骗天子，想借祈雨缩干昆明池的水,目的是要抓我,用我的脑子去做药。我命在旦夕,请大师施法力救我!"宣律说:"我只会持律,救不了你,你还是去求求孙先生吧。"龙王知道,孙先生就是宣律和尚的好朋友孙思邈,就赶紧寻到山中他修炼的石室去了。孙思邈听了龙王的请求,说:"你昆明池龙宫里,有仙方三十首,把它传给我,我就能救你!"龙王说:"我确实有这些药方,可上帝严令不许传世的。现在救命要紧,我这就去拿来给你。"不一会儿,龙王捧着药方来了。孙思邈接过方子,对龙王说:"放心回去吧,那胡僧奈何不了你。"果然,昆明池水很快涨起来,不几天就涨得满满的,都快溢上岸了。昆明池龙得救了,在皇帝面前吹牛的胡僧诡计未能得逞,竟羞愤而死。(《酉阳杂俎》前集卷二)

这个故事并没有描写孙思邈施用了什么法术,但昆明池水涨满肯定与他有关。这就暗示他道行高超、法力通神,既对抗胡僧,又超越宣律,解救昆明池龙,对他来说,不过小事一桩,几乎毫不费力。孙思邈的确精通老庄,长期隐居修道。这个故事除说明他个人的道行之高,还暗示了道家道教的神秘力量远超佛教。宣律和尚办不到的事,孙思邈轻松解决,此乃唐代佛道相争的反映。

《千金方》是孙思邈一生行医经验的总结,他说:"人命至重，贵于千金。一方济之，德逾于此。"所以把凝聚毕生心血的这部医书命名为《千金方》。起初是三十卷，龙王拿来的三十首仙方也散收在里面。后来不断修订增补，又写了《千金髓方》二十卷、《千金翼方》三十卷，被奉为治病救人、养生益寿的宝典。在流传过程中，历代后人又对其书续有增补或者拆分，宋朝政府还组织专人予以检核修订，到清人编辑《四库全书》时，这部书已定名为《千金要方》，有了九十三卷之多，收入子部医家类。《四库全书总目提要》说它内容广泛："凡诊治之诀、针灸之法，以至导引养生之术，无不周悉。"从医药史来说，这部《千金方》是继葛洪、陶弘景《肘后备急方》（八卷）之后最著名的一部医方。

孙思邈医术高明，也善养生，他本人活过了百岁。关于他的生年，说法很多，从北魏孝明帝的神龟元年（518）到隋初的开皇元年（581），相差好几十年，难以考定。卒年记载倒很清楚，是唐高宗永淳元年（682）。总之，他作为一个关中华原（今陕西铜川耀州）人，大约亲身经历了从北魏、北周到隋及初唐这一段动荡不安、战乱频仍的日子。据说唐初开史馆，魏徵等人奉命修撰齐、梁、周、隋等朝史书，遇有疑难，或担心有所遗漏，常会请教年高德劭的孙思邈，因为他从那个时代过来，阅历丰富，而孙思邈也总是有问必答,让他们满意而归(《宣室志》)。

中国传统医学,起源和发达都早,到唐朝已达到相当水平。唐史上的名医不止孙思邈一个。仅据《旧唐书·方伎传》所载,孙思邈前后的名医就有甄权、甄立言兄弟、宋侠、许胤宗、张文仲、李虔纵、韦慈藏、孟诜等人。他们也和孙思邈一样长寿,医术高超且多撰有医药著作,其中很多即属医方。如甄权有《针方》,甄立言有《古今录验方》,宋侠有《经心方》,张文仲有《随身备急方》,孟诜有《补养方》《必效方》。他们中有的人生活在民间,但多数成为医官,进入官府或宫中。值得注意的是,唐朝时,不但从医者随时记录编纂医方,许多文人、官员也热衷于此。如高宗显庆四年(659),以英国公李勣领衔,一批尚药局官员就合编了一部有关本草药物的《图经》。其他关于本草的专著还有多种,如苏敬《新修本草》及《图》,孔志约、甄立言各著《本草音义》一种、王方庆撰《新本草》、陈藏器写《本草拾遗》等,就连陆贽、贾耽、刘禹锡这样的人,也都分别著有《集验方》《备急单方》《传信方》这样的医方书。这些书在《新唐书·艺文志》中都有著录,可见当时医书的繁荣。

唐朝实际的医疗力量大致分成两线,主要的一线当然集中于宫中官府,以帝王后妃、皇亲国戚、达官贵人为主要的服务对象。据《唐六典》可知，殿中省专设尚药局，紧跟在尚食局之后，比尚衣、尚舍、尚乘、尚辇诸局地位显得重要。局内有奉御二人（正五品下），直长四人，侍御医四人，主药十二人，药童三十人，司医四人，医佐八人，另有按摩师、咒禁师、合口脂匠辅助人员几人至几十人、上百人不等。另外，太常寺下属有太医署，设令、丞、府、史等官，率主药、医监、医正、医师、药园师及各类医工、博士、学生等数百人，各类人才更多更全，系中央一级的医疗和培养医疗人才的机构。另外，在由女性担任的宫官中，在专门负责饮食的尚食官之下，还特设司药、典药、掌药等官及下属佐吏杂工等，以为后宫服务。宫中的医药制度，极为严格周密，御用的药物从制成到送达，再到病人真正服下，过程非常复杂。简言之，尚药局"凡合和御药，与殿中监视其分、剂，药成，先尝而进焉"。而实际的具体步骤是："合药供御，门下、中书司别长官一人，并当上大将军卫别一人，与殿中监、尚药奉御等监视；药成，医佐以上先尝，然后封印；写本方，方后具注年月日，监药者遍署名，俱奏。饵药之日，尚药奉御先尝，次殿中监尝，次皇太子尝，然后进御。"一线的医事，就是如此谨慎小心。

与此相对的第二线，是老百姓得病的治疗，当然就要粗疏得多了。不过，唐朝政府倒也相当重视。太宗即位不久，贞观三年(629)就下令"设诸州治医学"，至玄宗开元十一年(723)有诏曰："远路僻州，医术全无，下人疾苦，将何恃赖？宜令天下诸州，各置职事医学博士一员，阶品同于录事。每州《本草》及《百一集验方》与经史同贮。"后来又具体规定："十万户已上州置医生二十人，十万户以下置十二人，各于当界巡疗。"虽然医生与百姓人数相比比例还是低得可怜，但这毕竟说明朝廷已注意及此，将设立医疗机制纳入了日常政务之中。

但无论如何，百姓一旦患病，获得医治或救助总是困难重重。唐朝政府深知此点，故还曾采取广树碑版发布医方的措施。《唐会要》卷八二记载，玄宗曾于开元年间"亲制《广济方》，颁示天下"。天宝五载(746)又下令："朕所撰《广济方》，宜令郡县长官选其切要者，录于大版上，就村坊要路榜示，仍委采访使勾当，无令脱错。"这样做的用意，是将责任落实到观察使和郡县长官，让普通百姓能够方便得到急救知识，虽然实际效果未见记载，想必未能尽如人意，但大概多少还是有些积极作用而聊胜于无的。经过安史之乱，这项措施受到破坏，后来诸帝收拾政局不暇，很难顾及此事，直到贞元间，德宗才又重新发布《贞元广利方》五卷,并颁令州府,"简试医术之士,申明巡疗之法"。

这个做法被当时的外来者视为中国的一种习俗,受到赞扬。《唐代的外来文明》第十一章《药物》开篇就说此事:"根据九世纪时阿布赛义德报道,在中国有一种习俗,这就是在公共场合竖起一座巨碑,上面镌刻着人们易患的几种疾病和对症治疗的简要说明。这样一来,就可以使所有的人都能够得到足以信赖的处方;如果患者很穷的话,他还可以从国库中支取治疗费用。在同时代的著作中,我们还没有发现与这个美妙的传说类似的记载。"

从国库支钱给百姓治病,史上似无明确记载,故具体情况不明。但唐朝百姓如果生病,有病坊可住,倒是有案可查的。

所谓病坊,从现存记载看,就是接纳病人留治的地方,近似医院的性质。这种机构原来都由佛寺承办,主持人是僧尼,是佛教的一项慈悲事业。在经济上支撑它的,则是寺庙拥有的"悲田"和"敬田"。武则天统治时期为表示重视,曾指派专门官员加以管理,至玄宗时依然如此。开元二十二年(734),还下诏让病坊收管丐者乞儿,扩大了它的职能,成为医院和救济院的综合体。直到武宗会昌灭佛,大批僧尼还俗,寺庙倒闭,悲田和病坊也就无人管理了。

但会昌五年(845),唐武宗接受李德裕的建议,下了一道敕令:"悲田养病坊,缘僧尼还俗,无人主持,恐残疾无以取给,两京量给寺田拯济,诸州府七顷至十顷,各于本置选耆寿一人勾当,以充粥料。"(《唐会要》卷四九)这样,就把原由寺院承办的医疗救济事业,由政府接手管了起来,并且拨出田亩给予支持,似乎规模也扩大到两京以外的其他州府,应该说是会昌年间的一项善政。

百戏与竞技

唐盛行百戏,即散乐杂技。岑仲勉《隋唐史》曰:

> 散乐历代有之,总谓之百戏,有寻橦(亦曰缘竿)、跳丸、旋盘筋斗、跳令、掷剑、透梯以及吐火、吞刀、神鳌负山(亦曰神龟负岳)、桂树白雪、画地成川,至于断手足、剔肠胃之类。

《明皇杂录》记了这样一个故事:唐玄宗在兴庆宫勤政楼大张乐,罗列百伎,观看表演。教坊有个王大娘,擅长以头顶戴百尺高竿,竿上装着木山,做成瀛洲、方丈的样子,然后让小儿手持绛节在山上做各种表演,歌舞不辍。这就是所谓寻橦之戏了。杨贵妃看得高兴，正好这时十岁的神童刘晏在身旁，她就考考他，让刘晏作诗咏王大娘戴竿。神童果然应声吟道："楼前百戏竞争新，唯有长竿妙入神。谁谓绮罗翻有力，犹自嫌轻更著人。"引得玄宗、贵妃及诸嫔御欢笑不已。

唐代百戏的繁荣与皇帝的喜爱提倡关系甚巨，而玄宗就是突出的一位。他在洛阳时，一次大酺于五凤楼下，竟下令三百里内的县令刺史一律率其声乐前来会演。当时有位河内郡守别出心裁地叫几百个乐工穿锦着绣坐在牛车上，拉车的牛或蒙上虎皮，或装扮成犀象的样子，浩浩荡荡开进东都，观者无不骇目。《明皇杂录》又记：

> 每赐宴设酺会，则上御勤政楼。金吾及四军兵士未明陈仗，盛列旗帜，皆被黄金甲，衣短后绣袍。太常陈乐，卫尉张幕后，诸蕃酋长就食。府县教坊，大陈山车旱船、寻橦走索、丸剑角抵、戏马斗鸡。又令宫女数百，饰以珠翠，衣以锦绣，自帷中出，击雷鼓为《破阵乐》《太平乐》《上元乐》。又引大象、犀牛入场，或拜舞，动中音律。

其规模之大、场面之热烈,闭目可以想见。

杂技艺人本领之高,有时简直令人难以想象。《唐语林》曾描述过一种绳技,大致情景为:在高数丈的立柱上,绷着又长又直的绳子,用辘轳将绳扯得极紧。女演员自绳端蹑足而上,登上高空,"往来倏忽,望若飞仙"。女演员不止一个,于是在绳子中间相遇相让,侧身而过。有的在绳子上换鞋,从容俯仰。这些都已十分扣人心弦,但还有更惊险的。有的演员更以六尺长的画竿绑在腿上,然后在绳上行走。有的则表演叠罗汉,踽肩踽顶至三四重之多,而且叠好之后突然翻倒,一个个照样好好地踩在绳上,观众被她们吓得屏气敛息,她们却从来不会失手蹉跌。这种伴随着音乐和鼓点的高难度技巧,恐怕使现代的走钢丝与空中飞人也要相形见绌吧。

开元年间一位叫胡嘉隐的金吾卫士在宫中看了这种绳技演出,写了一篇《绳技赋》献给玄宗,词甚宏畅,玄宗大悦,立刻升他为金吾卫仓曹参军。后来这种技艺流传出宫外,诗人刘言史在泽潞节度使李抱玉府看到绳技表演,写过一首精彩的《观绳技》诗,现在可于《全唐诗》中看到。

百戏中的有些节目,像吞刀吐火和各种幻术,是由入唐的胡人带来。有许多胡僧也会魔术,唐代流传的许多僧道斗法故事,其实就是这种魔术表演。还有一种"乞寒胡戏",又叫"泼寒胡戏",本是西域民间节俗戏乐,其形式为"裸体跳足""挥水投泥",于寒冬腊月向天乞寒。这种半裸体的舞蹈在唐初曾盛行一时,后来却被禁断。

上述种种百戏大多是表演性的,除此以外唐代还有许多带竞技性的体育运动,表现了颇具"胡风"的唐人蓬勃健康的生命力。

有集体对抗性的比赛,如拔河、划龙舟和由西域传入的打马球。唐中宗曾命朝臣于梨园球场分队拔河,不论文武均要参加。中唐人薛胜曾有一篇气势雄伟的《拔河赋》描述"壮士千人,分为二队"的大型拔河比赛。龙舟竞渡唐朝各地都有,一般是与端午节俗相关,作为群众性的文娱体育活动。唐代诗人写到端午竞渡的作品甚多,连很少作诗的行政官员张建封都留下了一首《竞渡歌》。

打马球对体质与技巧的要求很高。从李贤墓的壁画上可以见到马球赛事的激烈场面。据说玄宗、穆宗、敬宗、宣宗和僖宗都是打马球的好手。

也有以个人为单位的竞赛。如蹴鞠,常以两人对踢的方式进行比赛。又如秋千,这是妇女们喜爱的"半仙之戏",平时拘禁在闺阁的女子,总能在这种运动中嬉笑一番,得到极大乐趣。所以每到寒食清明,从宫中到乡间凡有条件之处,无不开展这种游戏。许多诗人把荡秋千的情景和妇女的欢笑录入作品,成为暮春时节风俗画的重要组成部分。

弈棋(围棋)也是很普遍的竞技活动,上至皇宫下至乡间,都有它的爱好者。"永贞革新"的主要策划者王叔文,在唐顺宗当太子时曾侍读东宫,他的特长是下棋,职务叫"棋待诏",大概教导和陪伴太子下棋便是他的主要工作了。革新的积极参与者刘禹锡也善棋。他有一首诗《观棋歌送儇师西游》,其中写道:

> 初疑磊落曙天星,次见搏击三秋兵。雁行布阵众
> 未晓,虎穴得子人皆惊。

被人认为"能模写弈棋之趣,梦得(刘禹锡字)必高于手谈也"(胡仔《苕溪渔隐丛话·后集》)。

有些民间的棋手水平很高。李肇《国史补》记述"王积薪棋术功成,自谓天下无敌"。王就是当时一个民间棋手。但他一次投宿旅店,半夜听到老板娘和她的儿媳隔着板壁下围棋,她们依次口授落子位置,几十次后,儿媳伏输。王

积薪深感好奇,暗中记下她们口述下子的次序和位置,第二天独自复盘,发现她们棋艺深奥,自己远远不及。这两位妇女只是偶作消遣,而竟使专业高手深感不如,唐朝广大民间真可谓藏龙卧虎。

还有一个故事也很有趣。苏鹗《杜阳杂编》卷下载:宣宗大中年间有个著名的棋待诏叫顾师言,某次奉命与前来朝贡的日本王子对局。顾是当时唐朝第一国手,日本王子棋力亦很雄厚。下到三十三手,棋势难分上下。顾怕输棋有辱王命,紧张得手心出汗,凝思半晌,使出"镇神头"绝招,才解开两征之势,使日本王子推枰认输。事后王子问接待人员:"顾待诏是中国第几号棋手?"接待人员哄他:"第三手也。"王子要求与头号棋手战。接待人员又哄他:"必须胜了第三,才可与第二奕,又胜,才得与第一手战呢。"这位王子叹道:"毕竟是大唐啊。我这个小国第一,不如大国的第三。"

唐人幽默二三事

世人多以为，幽默者，说话诙谐多趣且意味深长之谓，仅是一种语言艺术而已，其实不然。幽默固与语言之智慧机敏有关，但又是一种生活态度、一种处世方式、一种思想境界乃至风格气度，往往颇能体现一个人或一个民族的个性、情操、趣尚、教养和总体之文化素质。

中国古人各阶层均重幽默、善幽默，与今之人多有不同。汉人、魏晋人无论矣，兹举唐人数事，足可为证。

《隋唐嘉话》《大唐新语》等书均载一事云：

唐太宗某日宴近臣，戏令长孙无忌嘲欧阳询。欧阳询为人瘦小而貌陋，长相酷似猿猴。于是长孙无忌吟道：

耸膊成山字，埋肩不出头。

谁家麟阁上，画此一猕猴？

正是以询之形貌特征谐谑之。谁知欧阳询反应敏捷，应声亦吟道：

缩头连背暖，完裆畏肚寒。

只由心涸涸，所以面团团。

这是以其人之道还治其人之身，欧阳询抓住长孙无忌的外形特点毫不客气地反击过去，其用语同样形象而滑稽，对照长孙肥胖矮小的身材，必定使人忍俊不禁。

果然，唐太宗闻言大笑，并且也幽默地说："好个欧阳询，你就不怕当今皇后知道吗？"此话何来？原来，太宗的皇后正是长孙无忌亲妹，欧阳询调侃的乃是国舅大人啊！倘若不懂幽默，如此斗口，岂不要惹出大祸来吗？幸好初唐君臣都不是那种狭隘乏趣之人。

幽默不仅为生活增添乐趣，更能为尴尬场面解围。

唐玄宗于诸昆季，友爱甚笃，尤其对诚心让位给他的长兄成器，更是亲热。玄宗常与诸王同食。一次，吃饭的时候,不知什么缘故,宁王成器"错喉喷上髭"——吃呛了,控制不住朝玄宗脸上喷了一口。宁王惊惭不遑,悚惧不知如何是好。唐玄宗很想安慰他。这时在一边侍候的伶人黄幡绰突然插言道:"宁王他不是错喉了。"玄宗问:"那是什么呢?"黄幡绰答曰:"是喷帝(谐音喷嚏)!"于是众皆大笑(事见李德裕《次柳氏旧闻》)。

娼优伶人,帝王弄臣。口辩善对,出语俳谐,正是他们的看家本领、专业技能。无穷无尽而又呼之即来的机智和幽默,或许正是帝王需要他们的原因。

再看两个文人的例子。

中唐诗人李涉,才名很盛。一次路过九江,在皖口一处名井栏砂的地方突然遇到打劫的强盗。同行的人毫无例外地被抢,轮到李涉。盗首问他是何人,从者答曰:李博士也。这位颇知风雅的盗首竟说:"若是李涉博士,不用剽夺。久闻诗名,愿题一绝足矣。"这还不容易?李涉当场赠诗一首,云:

暮雨潇潇江上村,绿林豪客夜知闻。
他时不用逃名姓,世上如今半是君。

诗人的敏捷和幽默不必多说，只看那盗首处置李涉的办法就十分有意思。他也许真是久慕诗人之名，也许根本是看出穷文人无财可掠，于是巧妙地用此变通之法，不取钱财而交个朋友。这是那些一味杀人掠货的愚盗所不及的。

这个故事见于宋人计有功的《唐诗纪事》。另一个载于五代人王定保《唐摭言》的故事亦很有趣。

晚唐诗人薛逢天资颇高，学力亦赡，所以一向自视不凡。年轻时确也出过风头。《旧唐书·薛逢传》说他"文词俊拔，论议激切，自负经画之略"，与他同时的进士刘瑑、沈询、杨收、王铎，全不如他。史称，刘瑑"词艺不逮逢，逢每侮之"，与沈、杨诸人比，也是"逢文艺最优"。然而偏偏是薛逢宦途最为偃蹇，别人早就出将入相了，他却只做到州刺史。晚年好歹混上个秘书监之职，也是个无实权的穷官。

有一次薛逢骑着一头瘦驴去上朝，正好遇到新进士放榜，几十个人前呼后拥地走出来。他们的前导嫌薛逢挡了道，又见他人老驴瘦缺少侍卫，便大声吆喝："哎，快快回避新郎君！"薛逢处此境遇，辗然而笑——他没有生气，也没有发怒，但也没有自惭形秽、仓促走开。他只是派了一个

跟班,去对那帮新进士说:

> 报道莫贫相,阿婆三五少年时,也曾东涂西抹来。

也许有人会说:此乃精神胜利法也。其实不然。细思薛氏之言,于滑稽自嘲以外,不是还包含着几分洒脱和哲理吗?

写到这里,又想起一个例子,也是处境遇不佳而处之以既幽默又潇洒的态度。就按原文抄在下面:

> 李镇恶,即赵公峤之父。选授梓州郪县令。与友人书云:"州带子(梓)号,县带妻(郪)名,由来不属老夫,并是妇儿官职。"(《大唐传载》)

起绰号也颇能显示出唐人的幽默感。润州刺史韦诜想招裴宽为婿,邀裴到家款谈,裴宽身着碧衫,疏瘦而长,入门,其家大噱,呼为"鹳鹊"(《明皇杂录》)。这个绰号令人一下子如见到那个瘦长的汉子伸颈耸肩、皇皇然伸腿站立的模样。

唐高宗的宰相李义府"貌状温恭,与人语必嬉怡微笑而褊忌阴贼……时人言义府笑中有刀,又以其柔而害物",于是给他起个外号"李猫"(《旧唐书·李义府传》),多么有趣而且准确。

还有一个人,外号叫"鱼郑",因为他本姓鱼,冒姓郑——他就是甘露之变中被害的郑注,于是进一步便又有了"水族"的外号。人们对他的蔑视尽在其中矣。

有些诗人因为一篇作品而得到有趣的外号。如韦庄因作长诗《秦妇吟》而被称为"秦妇吟秀才";郑谷有《鹧鸪》诗警绝,人称"郑鹧鸪";崔珏有《和友人鸳鸯之什》诗精彩,得到"崔鸳鸯"之称;赵嘏诗中有"长笛一声人倚楼"之句,遂被称为"赵倚楼"。这些外号都含着幽默感,使人过耳难忘,印象深刻。

狂欢的上元节

在唐代,每年正月大概是节日活动最频繁、最集中的月份。

正月初一,又叫元正、元日、新正,这一日是岁之元、时之元、月之元,因而又叫"三元节",也就是俗称的大年初一,至今仍是举国欢度的春节。唐时在这一天从皇家到民间都要庆祝饮宴一番。

依据古时民俗,又将正月一日至六日分别与六种牲畜(鸡狗猪羊牛马)相结合,而将第七日定为"人日"。这一天要"以七种菜为羹,剪彩为人,或镂金薄为人,以贴屏风,亦戴之头鬓"(《荆楚岁时记》)。这种原本残留远古巫术遗迹、带有祭祀祷祝意味的活动,到唐朝多半变质为享乐的游宴。或登高，或聚饮，宫中则往往举行朝会，赐宴群臣。

当中经过正月十五前后连续三天的上元节（又称灯节，即后世所谓元宵节），直至月末晦日，都可以算作节日。《艺文类聚》引《荆楚岁时记》《玉烛宝典》都说：元日至月晦，并为醮聚饮食。虽然每月皆有晦朔，但正月是一年之首，时俗更为重视，所以以之为节。

在元月所有的节日中，最热烈欢腾、几乎够得上西方某些民族狂欢节水准的，还是正月十五上元节。

远在汉代，就有望日（十五日）祀太一神的仪式，从黄昏一直延续到次日天明。后来随着佛教传入，西域于正月十五，僧俗云集观佛舍利放光雨花，绕城步步燃灯的做法和汉土原有风习相结合，发展演变下来，遂形成上元夜游观灯的传统。隋代上元之夜已宛若狂欢节，请看当时人柳彧的描绘：

> 窃见京邑，爰及外州，每以正月望夜，充街塞陌，聚戏朋游，鸣鼓聒天，燎炬照地，人戴兽面，男为女服，倡优杂技，诡状异形……内外共观，曾不相避，高棚跨路，广幕陵云，袨服靓妆，车马填噎，肴醑肆陈，丝竹繁会，竭赀破产，竞此一时。（《奏禁上元角抵戏》）

男人穿上鲜艳的女服，人人戴上野兽的假面，这或许与远古祀神仪式有某种关联，但到这时，宗教巫术的含义已极其淡薄，剩下的只有尽情的游戏和享乐。

唐时的上元其热闹有过之而无不及。十五、十六、十七三天京师撤除宵禁，所有寺观、街巷灯火通明如昼，造了百余尺高的大棚，张灯结彩供人游观。全城仕女空巷而出，车马塞路，拥挤不堪，有时行人可以被人流裹带着足不点地地行走数十步。

据张鷟《朝野佥载》，玄宗先天二年（即开元元年，713）在安福门外树立了高二十丈的巨大灯轮，衣以锦绣，饰以金银，同时点燃了五万盏灯，远远望去像是开着无数金花、银花的树。灯轮之下，有几千名衣罗绮、曳锦绣、戴着满头珠翠、涂着胭花脂粉的宫女、歌伎和长安、万年县的少女、少妇在尽情踏歌舞蹈，一连狂欢三日，快乐到了极点。

有时皇帝、皇后也与民同乐一番，像唐中宗和他那野心勃勃的韦后，就曾于上元之夜出宫微行观灯，还顺便去了中书令萧至忠家。大概为了显示宽厚仁慈，他们例外地批准数千名宫女外出看灯。可惜不少宫女不识抬举，竟就此不告而辞，一去不返。然而中宗、韦后却似乎意犹未尽，第二天又再次微行观灯，并去了韦安石、长宁公主的府第

（《旧唐书·中宗纪》)。至于风流天子唐明皇,上元节的活动就更丰富多彩了,《幽怪录》《集异记》《明皇杂录》等唐人小说和许多唐人诗作中均有资料可寻。

用诗的语言来描绘上元节风光,不但形象鲜明、气氛火爆,而且尤能逗人遐想。兹选录数首以飨读者诸君:

火树银花合,星桥铁锁开。

暗尘随马去,明月逐人来。

游骑皆秾李,行歌尽落梅。

金吾不禁夜,玉漏莫相催。

——苏味道《望日夜游》

九陌连灯影,千门度月华。

倾城出宝骑,匝路转香车。

烂熳惟愁晓,周游不问家。

更逢清管发,处处落梅花。

——郭利贞《上元》

凤城连夜九门通,帝女皇妃出汉宫。

千乘宝莲珠箔卷,万条银烛碧纱笼。

歌声缓过青楼月,香霭潜来紫陌风。

长乐晓钟归骑后,遗簪堕珥满街中。

——袁不约《长安夜游》

也有因为不能与众人同乐而感到惆怅感伤的,像徐凝和李商隐:

宵游二万七千人,独坐重城圈一身。

步月游山俱不得,可怜辜负白头春。

——徐凝《正月十五夜呈幕中诸公》

月色灯光满帝都,香车宝辇隘通衢。

身闲不睹中兴盛,羞逐乡人赛紫姑。

——李商隐《正月十五夜闻京有灯恨不得观》

看来在狂欢的上元节,也如同任何一个全民的节日一样,是"几家欢乐几家愁"啊。

七夕:妇女的祈祷日

农历七月七日,作为民俗节日由来已久。崔寔《四民月令》云:"七月七日,曝经书,设酒脯时果,散香粉于筵上,祈请于河鼓、织女,言此二星神当会,守夜者咸怀私愿。"这些风俗至唐代不但一仍其旧,并且有所发展。

七夕最主要的节目当是穿针乞巧。《荆楚岁时记》中即有所记载,唐人诗中描写更多。中唐时的神童诗人林杰有诗道:

七夕今宵看碧霄,牵牛织女渡河桥。

家家乞巧望秋月,穿尽红丝几万条。

不但民间如此,深宫之内也是同样。《开元天宝遗事》"乞巧楼"一条曰:

> 宫中以锦结成楼殿,高百尺,上可以胜数十人,陈以瓜果酒炙,设坐具,以祀牛、女二星。嫔妃各以九孔针、五色线向月穿之,过者为得巧之候。动清商之曲,宴乐达旦,士民之家皆效之。

乞巧之法也不止穿针引线一种。同书"蛛丝卜巧"条记述道:"又各捉蜘蛛于小合中,至晓开视蛛网稀密,以为得巧之候:密者言巧多,稀者言巧少。民间亦效之。"每个妇人,不论古今,总盼望自己灵巧聪慧,这是可以理解的,因为这同她们婚后生活的幸与不幸常有直接关系。从史籍种种记载所透露的消息,我们不妨说,乞巧实际上是妇女们祈求婚姻幸福的一种祷祝活动;七夕,实际上便是妇女们一年一度的祈祷日。到唐代,这层含义已经愈来愈浓重了。

请看陈鸿著名的《长恨歌传》。生活于蓬壶仙界的太真妃为了让即将回去报告的临邛道士取信于玄宗,向他披露了一桩唯她与玄宗知晓的秘闻:

昔天宝十载,侍辇避暑于骊山宫。秋七月,牵牛织女相见之夕,秦人风俗,是夜张锦绣,陈饮食,树瓜华,焚香于庭,号为乞巧。宫掖间尤尚之。时夜殆半,休侍卫于东西厢,独侍上。上凭肩而立,因仰天感牛女事,密相誓心,愿世世为夫妇。言毕,执手各呜咽。此独君王知之耳。

这就讲得很清楚了。如果再参照《开元天宝遗事》所记"帝与贵妃,每至七月七日夜在华清宫游宴。时宫女辈陈瓜花酒馔列于庭中,求恩于牵牛、织女星也",事情就更明白了。"感牛女事"也好,"求恩于牵牛、织女星"也罢,目的都在祈求婚姻美满,不但今生今世无比美满,而且要"世世为夫妇",永远地幸福美满下去。

牛郎织女这对情深而命苦的夫妻,被清浅的河汉阻隔,"盈盈一水间,脉脉不得语"。他们是夫妻暌离不能团聚的象征。但是即便一年只能一度相会,而且每次只有一夜,牛郎织女却坚贞地相互爱恋着、等待着,永不变心。他们的爱情又象征着将与天地宇宙同在的永恒。也许这后一点意义,便是历代妇女虔诚地向他们求恩祈福的根据。

祖咏《七夕》诗云:"闺女求天女,更阑意未阑。"这位待字闺中的少女何以长时间地向天女祈求直至更深,她所求的又是什么,是很可玩味的。记得王实甫《西厢记》第一本第三折写莺莺深夜对月拈香,已祝了两炷,到第三炷时忽然沉吟不语,那乖巧的红娘便说道:"姐姐不祝这一炷香,我替姐姐祝告:愿俺姐姐早寻一个姐夫,拖带红娘咱!"而后便是"旦(莺莺)再拜云:心中无限伤心事,尽在深深两拜中",和她的"长吁科"。显然,这位怀春少女的心事已被红娘一语道破,她为此"伤心""长吁",并欣然接受了红娘代她所作的祷祝。祖咏和王实甫二人笔下的少女,心事应该是相通的。

七夕牛女相会使人间无数怨女思妇羡慕不已。有一首唐诗这样说:"河耿月凉时,牵牛织女期。欢娱方在此,漏刻竟由谁?定不嫌秋驶,唯当乞夜迟。全胜客子妇,十载泣生离。"(卢殷《七夕》)一夕之会无疑是短暂的,但比起十载独宿的"客子妇",毕竟幸运得多了。试想,当"客子妇"们向牛女祈祝时,她们会乞求什么呢?

唐朝宫掖中七夕乞巧祷祝之风尤盛,实与嫔妃宫娥的处境有关。她们年纪轻轻入宫,日日望幸而失望居多。如何打发漫长无聊的日子?"内庭嫔妃,每至春时,各于禁中结伴三人至五人,掷金钱为戏,盖孤闷无所遣也"(《开元天宝遗事》)。这种游戏也有盼望宠幸的含意:"明皇未得妃子,宫中嫔妃辈投金钱赌侍帝寝,以亲者为胜。召入妃子,遂罢此戏。"平日是投钱相赌,到七夕,就转而向牛女二星"求恩"。可惜无论哪一代皇帝,又无论他们是否拥有足使"六宫粉黛无颜色"的宠妃,总是不能满足绝大多数宫嫔的愿望,唐人《七夕》诗由此往往与宫怨的内容发生瓜葛。试举两例以见一斑。

一是盛唐崔颢所作的两首七绝,诗题为《七夕》:

长安城中月如练,家家此夜持针线。
仙裙玉佩空自知,天上人间不相见。

长信深阴夜转幽,瑶阶金阁数萤流。
班姬此夕愁无限,河汉三更看斗牛。

另一首为晚唐唐彦谦的七律,诗题相同:

露白风清夜向晨,小星垂佩月埋轮。
绛河浪浅休相隔,沧海波深尚作尘。
天外凤凰何寂寞,世间乌鹊漫辛勤。
猗兰殿北斜楼上,多少通宵不寐人。

郁郁乎文哉

光荣与梦想:科举制的繁荣

隋时兴起、至唐代而趋发达完备的科举取士制度,改变了魏晋以来的九品中正制,结束了门阀士族垄断仕途的局面,从此寒门庶族登上政坛、施展才能的机会大大增加。

科举取士确实为李唐王朝发现、聚集了许多优秀人才。难怪唐太宗某次私幸端门,见新进士缀行而出,喜不自胜地说:"天下英雄入吾彀中矣!"(《唐摭言·述进士上篇》)

有资格参加科举考试的大概有几种人:一种来自官办的各级学馆,如国子监有六学(国子学、太学、四门学、律学、书学、算学),门下省有弘文馆,东宫有崇文馆,祠部有崇玄学,太医署有医学,秘书省有小学等,这些是中央系统的。至于地方,府有府学,州有州学,县乡亦各有学校。学生统称生徒,学成即可参加考试。中央一级的生徒可直接参加尚书省礼部主持的考试,州县一级的生徒则须在地方考试合格后,才能晋京赴考。这种生员称作乡贡。

礼部考试的科目很多,有秀才、明经、进士、明法、明书、明算之类,称作常科,偶尔还开道举(试老子《道德经》、庄子《南华经》)、童子科(十岁以下儿童参加)。其中明经、进士两科最重要,后来对考生要求更为严格的进士科又压倒了明经科,有所谓"三十老明经,五十少进士"的说法。进士及第成为文人学子孜孜以求的目标。

无论明经及第还是进士及第均不能马上释褐(脱去白丁所穿的麻衣)做官,还有吏部铨选一关。这道关口主要从身、言、书、判四个方面进行考察。身需体貌丰伟,言要辞语辨正,书指书法遒美,判指文理优长。四项均合格,才能按成绩授予官职。

还有一种由皇帝特旨召试以待"非常之才"的制科考试,名目非常多,像直言极谏、博学宏词、才堪经邦、武足安边等均是。制科不但一般举子可以参加,现职官员也可参加,一旦对策中选,高者便能得到美官。

上面说的都是文科,武则天还曾创立武举,后来也变为常科,不过地位始终不及进士、明经。

这么多种考试,把许多机会放在唐朝知识分子面前,使他们跃跃欲试,对前途充满了信心和希望。

一旦金榜题名,或曰身登龙门,便可声名大振,身价百倍,受到贵族官僚阶层的青睐,得到座主(主试官)、同年(同榜及第者)的提携,入仕做官的大门从此打开,飞黄腾达、荣宗耀祖的愿望也就可能实现。请看唐人进士及第时的喜姿狂态:

一再落第失意,因而诗风寒苦多愁的孟郊,其《登科后》诗写得何等激昂奋发、扬眉吐气:"昔日龌龊不足夸,今朝放荡思无涯。春风得意马蹄疾,一日看尽长安花。"

白乐天一举及第,有诗曰:"慈恩塔下题名处,十七人中最少年。"乐天时年二十七。

比白居易更为浅薄而无赖的,有依恃宦官势力取得状元的裴思谦。他状元及第后,作红笺名纸十数,诣妓女聚居的平康里,因宿于里中。诘旦,赋诗曰:"银钉斜背解鸣珰,小语偷声贺玉郎。从此不知兰麝贵,夜来新惹桂枝香。"轻儇心态溢于言表。

但科举制的弊病也是显而易见的。这种弊病主要还不在于制度的腐朽常导致通关节、受贿赂等丑恶现象,常使一些优秀人才被埋没而庸才却取得高官厚禄,也不在于考试诗赋容易造成浮靡华艳的文风,座主、门生相攀结容易形成胶固的朋党等,因为这类弊病的影响毕竟是暂时的、局部的。

科举制最大最深刻的危害在于蚕食生命、蠹蚀人心。

既然科举及第紧接着入仕当官,既然金榜题名意味着从"人下人"变为"人上人",也就是说科举制同官本位有着不解之缘,那就难怪大批读书士子耗费极大乃至终生的精力,像飞蛾扑火一般扑向那一线光明。

唐人考进士很少一次即中,像李翱、皇甫湜、沈亚之、李商隐,都是参加了五六次考试才及第的。晚唐有些人,竟有考一二十年甚至三十多年的,像韩偓、吴融、郑谷、徐夤、黄滔、孟棨等。考了多年总算及第,这还是幸运的。还有些人考了一辈子也未能及第成名,可以说是含冤而死。如诗人刘得仁"出入场屋三十年,卒无所成而逝"。如陈存,屡试不第,后遇知举者许孟容是旧相知,"万方欲为申屈","将试前夕,(陈)宿宗人家","五更后,怪不起,就寝呼之,不应。前视之,已中风不能言也"(赵璘《因话录》)。

"太宗皇帝真长策,赚得英雄尽白头。"头发白了,还在做着及第梦、当官梦,却浑然忘记宝贵的青春岁月本来可以去干更有价值的事。使许多人心甘情愿地白白浪费人生,这是科举制的一大罪恶。

从更长远的影响看,科举制的大罪在于腐蚀知识分子的灵魂。科举制标榜学而优则仕,士子们悬头苦学的目的仅仅是通过科举考试步入官场,而与追求知识、探索真理无关,与培养独立高尚的人格更无关。所谓入仕,在绝大部分举子看来,既是皇家对自己的恩赐,自己自然应充当其忠实臣仆乃至鹰犬。因此读书求仕的过程,实际上乃是学习并争取做皇家奴仆的过程,也就不能不是一个戕丧天性、失落自身的过程。中国古代大量知识分子缺乏独立人格,书读得愈多,官做得愈大,奴性往往愈足,只会诵经颂圣,为统治者的恶行劣迹辩护,而绝无自己的思想,死心塌地去做皇家的御用文人而不想也不配成为社会的良心,原因盖在于此。科举制与官本位相辅而行,相得益彰,毒害了一代又一代知识分子的心灵,使他们长期患有"无脑症"和"软骨病",这才是它最大、最严重的罪过。

李唐皇室为什么爱信道？

以《道德经》五千言闻名于先秦的老聃，生前清贫，身后萧条，谁知到了唐朝却大交好运。

史载：唐高祖武德三年（620）春，晋州人吉善在羊角山遇一老叟，乘朱鬣白马，仪容甚伟，对他说："去告诉唐天子，我是他的祖先太上老君。今年平贼后，子孙便可享国万岁。"

明眼人一看便知，这若不是无稽传闻，便是有意捏造。然而，唐高祖却凭着这句话下了诏令：在羊角山立老子庙，按时祭祀。

何以如此？原来老聃姓李名耳，早已被民间奉为道教始祖。"唐起夷狄，欲自附于华夏，乃谬托老子为始祖"（吕思勉《隋唐五代史》)。这样做的好处包括:第一,说明李唐统治早有天命;第二,天下信奉道教者便理所当然地应该拥戴王室。

李渊在位时间不长,但武德七年(624)还是亲自到终南山拜谒了老子庙,向远祖献上了一瓣心香。

唐太宗雄才大略,贞观年间似乎没怎么理会这件事。高宗李治就不同了。乾封元年(666)三月至亳州谒老君庙,追尊李耳为太上玄元皇帝,第一次将他推上皇帝宝座。

玄宗李隆基愈发变本加厉。天宝二年(743)把李耳的尊号改为大圣祖玄元皇帝。八载(749),又加号为大圣祖大道玄元皇帝。十三载(754),再一次加号为大圣高上大道金阙玄元皇帝。

不光是尊号愈加愈长,愈加愈高,还相应地采取了一系列措施:

下令全国各地立祭祀老子的玄元庙,这是官办的道教庙宇。民间道观更是遍于国中,多如牛毛。为了显示无上的尊崇和庙宇的级别,又将西京长安的玄元庙改称太清宫,东都洛阳的改称太微宫,天下诸郡的玄元庙一律改称紫极宫,祭祀时用的礼乐均十分隆重。

于两京国子监立崇玄学,令学生习读老子《道德经》、庄子《南华经》、文子《通玄经》、列子《冲虚经》和庚桑子《洞灵真经》，并配备博士、助教各一员，以教生徒百人，每年依明经例参与考试，以科举入仕的前途诱掖青年学子。

与此相配合的，是唐玄宗亲自注释《道德经》；任命道士尹愔为谏议大夫、集贤学士兼知史官，特赐朝散阶，下诏"许道士服视事"，即穿着道士服装做官上朝；征天台山道士司马承祯入京供奉；征道士张果入京问道，甚至有意将信道的玉真公主下嫁于他。

以后的历代皇帝，崇道亦不比玄宗逊色。

肃宗时，一向以祠事希幸的"妖人"王屿竟被任为宰相。肃宗得病，王屿遣女巫分行天下，祈祭名山大川。于是大批巫师盛服乘传而行，由宦官陪同监督，因缘为奸，所至干托长吏，以邀赂遗。

代宗时，道士的花样更多。如李国祯请于昭应县南山顶置天华上宫露台，大地婆父、三皇、道君以及太古天皇、中古伏羲娲皇等祠堂；术士巨彭祖请每四季月郊祀天地。这种蠹国劳民的淫祀层出不穷，引起许多大臣的谏诤。

宪宗相信方士柳泌，吞服金丹，变得暴躁反常，结果被宦官害死。

穆宗明知故犯，一面窜逐方士，一面还是饵金石、服丹药，以至于死。

敬宗信任道士刘从政、孙准、赵归真、山人杜景先、处士周息元，派遣中使往湖南、江南及天台山采药、求访异人。

武宗于居藩时，即好道术修摄之事。即位后，召回被文宗流放的道士赵归真，让他与衡山道士刘玄靖修法箓。又在宫中筑望仙观，于南郊筑望仙台。为求长生，虔诚地服用方士所献药石，弄得肤泽消槁，喜怒无常，不但未能得道成仙，反而死于三十三岁的壮年。

宣宗初立时，放逐了道士刘玄靖等十二人，但后来患了风毒病，又转而求救于道门金石之药。太医因进丹剂，宣宗食之，结果生了背疽，不久死去。

正如史学家吕思勉概括的，唐朝诸帝之崇信道教，最初是出于"诳人"的目的，继而"反为人所诳矣"，末了则"纯出于求长生之私欲"，屡为金丹所害而执迷不悟。这可以说是由政治企图而宗教迷信而肉体毁灭的死亡三部曲。

上有所好，下必甚焉。道教在唐朝一度极为昌炽。上至公主、大臣，下至庶民舍家入道者比比皆是，尤其是公主入道的风气很盛。当然，她们并非真的信仰什么太上老君，也不是在那里清心静修，而是换一个比宫禁生活自由的环境，照旧过着奢侈淫靡的生活。许多文人则把学道作为"终南捷径"。倘若攀上了著名道士或入道公主,仕途顿时就会通畅。至于平民百姓,入得道观便取得某种特权,至少不必再为赋役之事操心,而身份地位即在一般劳苦民众之上。

普及了的道教风气,其源来自皇帝的提倡,但发展的结果却并不符合统治者的初衷。

宋人范祖禹说:

> 唐之出于老子,由妖人之言,而谄谀者附会之。高祖启其原,高宗、明皇扇其风。又用方士诡诞之说,跻老子于上帝,卑天诬祖,悖道甚矣!与王莽称王子乔为皇祖叔父,何以异哉!(《唐鉴》卷一)

祖宗们无中生有地攀附一个显赫高贵的远祖,着眼点是巩固政治统治。李唐与新莽虽然一成一败,所用伎俩却如出一辙。可惜李唐王室的后世子孙不能体念乃祖乃宗的真实用心,把政治性的宣传变成了盲目的迷信,而且深陷其中,不能自拔。

从这个意义上说,李唐王室的龙子龙孙们岂不实在不肖得很吗?

佛道争胜与三教论衡

三教者，儒、道、释也。

儒教，即孔教。其基本理论由孔丘首创，自汉"攘斥百家，独尊儒术"以来，容纳吸收百家精华，成为居于统治地位的意识形态。隋、唐二代均重儒学，以其为立国之本。

道教起自战国末之方士，至东汉推尊老子李耳为始祖，影响遍及全国。

佛教从汉代由印度传入，有所谓"白马驮经"故事，至汉末已相当有势力。三国之际，道教方面作《老子化胡经》，尊老而贬佛，由此引起两教之争。

"隋朝佛道之争，文帝时李世谦有三教优劣之论，炀帝时有惠净、余永通之问答，不一而足"（汤用彤《隋唐佛教史稿》据

《佛祖统纪》《续高僧传》等书)。虽然如此,隋代依旧重佛。

李唐奉老聃为祖。贞观十一年(637)有敕云:"老子是朕祖宗,名位称号宜在佛先。"到高宗显庆元年(656),玄奘请求改正,答复是:"佛道名位,先朝处分,事须平章。"(《大慈恩寺三藏法师传》)加以推托延宕。

但李唐同时也尊佛。太宗尝对辟佛最力的太史令傅奕说:"佛道玄妙,圣迹可师。"贞观十九年(645),玄奘取经归来,太宗特敕迎接,并于洛阳宫接见慰问,甚至想请玄奘出任官职,玄奘谢绝后,曾为其新译佛经作《序》,这就是著名的《大唐三藏圣教序》。到了晚年,太宗又亲服婆罗门僧所献之药。

武则天与佛教关系最深。她在当皇后时,就曾下诏:令僧尼居道士女冠之前,改变了道教高于佛教的旧例。证圣元年(695),义净法师留学天竺二十五年归来,则天亲到洛阳上东门迎劳。禅宗大师神秀也在则天安排下入京行道。

佛教之受重视不是无因的。载初元年(689)僧怀义、法朗等撰造《大云经疏》,宣称武则天是弥勒佛下世,当作阎浮提主。这就为她夺唐为周、自立为帝的图谋制造了颇具迷惑力的舆论。

此后佛教一度极为兴盛,以致有些道心不固、趋炎附势的道士竟不惜背叛教门，弃道而为僧。有个叫杜义的道士求入佛门，皇帝不但予以批准，还为了提高他在僧徒中的资格而"敕赐虚腊三十夏"（即赐他僧龄三十岁），成为佛道斗争史上的一个笑谈。

但是睿宗、玄宗父子却因为反武则天而推崇道教。景云二年(711)，敕许金仙、玉真二公主入道，为其修寺观。又下诏拉平僧道关系，令其齐行并进(《唐大诏令集》)。道士司马承祯、吴筠、叶法善、张果之流，均受到特殊礼遇。

由于唐朝兼崇释老，数百年间二教互争不绝。先有《老子化胡经》真伪之辨，自唐初一直争论到中宗神龙初，才由皇帝下诏削除此经。后来佛教密宗兴起，不空和尚曾和道士罗公远奉旨在宫中斗法，传说佛胜而道败。

在佛道二家互有胜负的状态中，唯独儒教被视为立国之本，不受干扰。崇儒者对二家均有所批评，尤其是对一度甚嚣尘上的佛教。如韩愈之谏迎佛骨，就是当时著名之举。

但儒释道毕竟是三个不同的教门，既属三家，便不免有教义之争。早在北魏、北周时代，"三教论衡"的活动即已形成并趋于繁盛。唐则自高祖开端，历代不断。太宗、高宗均曾幸国子学，听取道士、沙门、博士相与驳难。玄宗亦曾诏能言佛、老、孔子者，相答难于禁中。

大约自唐德宗起,"三教论衡"的活动便固定在皇诞日举行。《旧唐书·韦渠牟传》载:

> 贞元十二年四月,德宗诞日,御麟德殿,召给事中徐岱、兵部郎中赵需、礼部郎中许孟容与渠牟及道士万参成、沙门谭延等十二人,讲论儒、道、释三教。

《新唐书·徐岱传》亦有相同记载可以印证。德宗宰相、山人李泌之子李繁,在宝历年间敬宗降诞日,也与丁公著、陆亘等人参加过"抗浮图、道士讲论"的宫廷活动。

白居易在大和初任秘书监,十月十日文宗诞日,奉诏与安国寺沙门义林、太清宫道士杨弘元于麟德殿论儒、道、释三教教义。他的《三教论衡》一文(见《全唐文》卷六七七)便是此次讲论的简要记录。

根据白氏所记,当时驳难的三方均坐于内道场的高座之上,各自穿戴着御赐的服装配饰,场面隆重而庄严。但所讲论的却是很普通的常识性问题。宋代学者洪迈评曰:

> 观其问答旨意,初非幽深微妙,不可测知。唐帝岁以此为诞日上仪,殊为可省。(《容斋三笔》卷十四)

这是从学术性不强的角度言之。而今人任半塘则在《唐戏弄·剧录》一章引优伶李可及戏弄三教的故事，论证所谓"三教论衡"，早在德宗时"已不啻听说书，看杂技"，实乃有场面、有服装、有情节科白甚至有一定脚本的戏剧演出，所以发展到咸通年间，才会成为李可及滑稽戏之所本。这又是从"三教论衡"的形式特征言之了。

然而，"三教论衡"从最初的相互驳难各不相让，变为后来那样"始三家若矛盾然，卒而同归于善"（《新唐书·徐岱传》），即由原先的竞异变为后来的求同，由认真的辩论变为儿戏般的讲谈。这正符合李唐统治者的政治目的——在三家争鸣的表面形式下，实行意识形态的统一化，显示皇权的宽仁和凌驾于三教之上。

关于这一点，有唐太宗本人的诏令为证：

> 朕今欲敦本息末，崇尚儒宗，开后生之耳目，行先王之典训。而三教虽异，善归一揆。

"三教论衡"性质的变化，不正是按照唐太宗的意愿在进行着吗？

唐武宗会昌灭佛

会昌是唐代第十六个皇帝武宗李炎的年号,从841年到846年,共六年之久。在此期间,武宗利用道士赵归真,与崇信道教的宰相李德裕一起掀起一场灭佛运动,使佛教徒遭到一次浩劫,史称"会昌法难"。

武宗信道,废佛成了崇道的一种手段。大规模禁废之前,就先有抑佛之举作为先声。

以前每个皇帝降诞日,宫中常举行"三教论衡"活动。会昌元、二年武宗生日依旧于大内设斋,使两街供奉大德与道士四对论议,但是单单给道士赐紫,释门大德却不得穿着。首先在服饰上贬抑之,算是给个下马威。这种论议,一方因得宠而有恃无恐,一方则战战兢兢,唯恐获罪,其胜负可想而知,佛徒心中滋味也必苦涩难言。

会昌二年(842),有这样几道命令:

> 发遣保外无名僧,不许置童子沙弥;
>
> 勘问外国僧艺业;
>
> 停内供奉大德、两街各廿员;
>
> 天下所有僧尼解烧炼、咒术、禁气,背军身上杖痕乌文,杂工巧,曾犯淫养妻不修戒行者,并勒还俗;
>
> 若僧尼有钱物及谷斗田地庄园,收纳官,如惜钱财,情愿还俗去,亦任勒还俗,宛入两税徭役。

对于当时大批僧徒来说,这已是"山雨欲来风满楼"之势了。

此后果然案件不断、愈逼愈紧。会昌三年(843)四月,竟有命令让天下摩尼师(即袄教徒)削发、着佛教袈裟,当作沙门处死。摩尼寺庄宅钱物也一律查抄收公。五月,开始普遍勘问诸寺外国僧人的由来。接着贬逐进献《涅槃经疏》等著作的太子詹事韦宗卿。九月,因潞府奸人匿京城寺中,敕令疏理城中僧人,公案无名者尽勒还俗,递解回原籍。诸道州府皆同此例。在这个过程中,被捉拿审问者颇众，光打死的便有几百人。也就从这一年起，以前装模作样显示对三教一视同仁、意欲使之友好相处的论衡讲说，宣布停止。外国僧人眼看在大唐已无"法"可求，纷纷请求回国，其中日本僧人圆仁先后求归百余次，不予批准。

然而禁佛的措施还多着呢。接下来是不许供养佛牙、佛指，如有违抗，处以脊杖之刑。长生殿内道场供奉的佛像一律毁拆，经卷予以焚毁，另外安置天尊老君之像。接着干脆下令：以前供养佛者，一律改入兴唐观祭拜天尊老君，也就是强迫人家由信佛改为信道。对僧徒的行动更加以种种苛刻限制，如不许街里行；不许犯钟声，凡外出，必须于钟声未动之前返回；又不许宿于别寺，等等。

当发展到毁拆僧尼徒众寄居的山房、兰若、佛堂乃至天下小型寺庙时，"法难"的大规模升级已经指日可待。果然，继之而来的便是勘检清查天下寺院及僧侣人数。会昌五年（845）五月，规定东西两京左右街各留二寺，每寺留僧三十人。天下诸郡各留一寺，留僧数分别为上寺二十人，中寺十人，下寺五人。限期将多余的寺院拆毁，僧尼一律还俗。结果，短期以内，负责此项任务的祠部即"奏括天下寺四千六百，兰若四万，僧尼二十六万五百"（《资治通鉴》卷二四八），收取膏腴上田数千万顷，寺院奴婢十五万人充作两税户,释放了供寺院役使的普通百姓五十万人以上。

唐政府从废佛运动中得到大量财物、土地和纳税户,经济效益甚佳。这正是武昌灭佛最深刻的原因——过分膨胀的佛教寺院经济,损害了国库收入,占用了太多的劳动力,而当时正在进行平藩伐叛战争的唐朝廷却急需财政支援。

但遭了覆巢之灾的僧人们可就苦了。据亲身经历了这次浩劫的日本僧人圆仁的记载,当时他们真可谓狼狈不堪:

> 唐国僧尼本来贫,天下僧尼尽令还俗,乍作俗形,无衣可着,无物可吃,艰穷至甚,冻饿不彻,便入乡村劫夺人物,触处甚多。州县捉获者皆是还俗僧,因此更条流已还俗僧尼,勘责更甚。(《入唐求法巡礼行记》)

迫于紧急沉重的经济压力,挟带着明显不纯的主观动机,会昌君臣没有考虑好全盘方针,没有制定出具体细致、切实可行的政策规定,便发动了触及数十万人切身利益的灭佛运动,大刀阔斧,雷厉风行,这就不能不引起社会的不安和骚动。数十万僧徒一旦被勒令还俗,由于事先没有做好适当安排,给予出路,大多变成流民乞丐,成为社会不安定的重要因素。与此同时,宫内宫外崇道之风却日益昌炽,其为害实不比佛教泛滥稍差。以上种种,便决定了会昌君臣协力发动的这场空前运动,必定以失败告终。

在武宗还在世时,地方割据势力便对朝廷灭佛的指示加以抵制。日僧圆仁在书中记道:"三四年已来,天下州县准敕条流僧尼还俗已尽;又天下毁拆佛堂、兰若、寺舍已尽……唯黄河已北镇、幽、魏、路等四节度,元来敬重佛法,不拆寺舍,不条流僧尼,佛法之事,一切不动之。"甚至朝廷派使责问,也不予理睬。

等到武宗驾崩,宣宗即位,大中(宣宗年号)时代开始,务反会昌之政,遂下令全面恢复佛教,而杀逐那批鼓动废佛的道士,宰相李德裕也被贬到崖州,不久便抱恨而逝。

大中兴佛的势头几乎跟会昌灭佛的狠劲相当,"自元年(847)正月洎今年(851)五月,斤斧之声不绝天下,而工未以讫闻"(孙樵《复佛寺奏》)。此后诸帝也多信佛,尤以懿宗为甚,每逢斋日,就要于宫内饭僧,往往要接待数万人之多。懿宗特别崇拜大安国寺的僧彻,咸通十一年(870)皇帝诞辰,恢复僧道讲论而场面更为隆重,僧彻宣述皇猷、阐扬佛理，压倒了道士，被赐以净光大师的法号。十四年（873），又有迎佛骨于凤翔法门寺之举，盛况远迈宪宗元和年间之事，靡费极多，都人若狂。

缁黄之徒若不事生产而蠹害社会，对其加以限制是完全必要的。但唐武宗、李德裕准备不足而把事情做得过分，于是引起大幅度的反弹。唐宣宗走回头路又非矫枉过正、变本加厉不可，在这样剧烈的动荡拉锯之中，吃亏倒霉的当然只能是广大百姓，社会生产力的正常发展也因此受到阻碍。

活跃的诗僧

有唐一代诗僧甚多。仅在元人辛文房《唐才子传》中列有专传的，便有灵一、灵澈、皎然、清塞、无可、虚中、齐己、贯休等八人（还不算曾经为僧后又返俗的无本，即贾岛），另外名被提及而"事且微冥"者有四十五人（据今人《唐才子传校笺》考证，中有二人系梁、陈僧人，属于误人）。

比较起来，东南一带诗僧尤多。刘禹锡《澈上人（即灵澈）文集纪》云：

> 世之言诗僧，多出江左。灵一导其源，护国袭之。清江扬其波，法振沿之。

赵璘《因话录》卷四"江南多名僧"条说：

> 贞元、元和已来，越州有清江、清昼，婺州有乾俊、乾辅，时谓之会稽二清，东阳二乾。

如果从当时文人的诗文集中搜罗，则能诗善文的释子名单还需大大加长。就拿刘禹锡来说，一生曾与近四十名僧人有文字交，其中大多数人未被《唐才子传》列入，然而实际上也都能诗。

和尚既置身于方外，又不脱离人寰，往往住持名山胜境，游方五湖四海。他们对祖国山水之雄伟壮丽、景色之妩媚多姿常有较深的观察体验，他们与各州县长官乃至节度使之类封疆大吏以及各级幕府僚属，常有各种形式的接触交往，于是便有了取之不尽、用之不竭的诗材。

试看灵澈的行踪和交游：他是会稽人，早年受诗法于严维，遂籍籍有声。后来他去吴兴，与著名诗僧皎然游处，皎然居杼山，灵澈居何山，讲艺益至。皎然以书荐灵澈于包佶，包再荐之于李纾。包、李当时正是诗坛盟主，他们的揄扬使灵澈之名大振，"如云得风，柯叶张王"。灵澈西游长安，结识了更多的官僚和文人，如卢纶、刘禹锡、刘长卿、权德舆、陈羽、柳宗元、吕温等。后来灵澈受诬告被徙汀州，遇赦，归东越，受到吴、楚一带当权官僚的欢迎礼待，又新结识了一批友人，如江西、浙东、浙西等地观察使韦丹、李逊、韩皋及钟陵诗人熊孺登等。《唐才子传》这样记述："初（灵澈）居嵩阳兰若，后来住匡庐东林寺。如天目、四明、栖霞及衡、湘诸名山，行锡几遍。"可见灵澈是个性喜游历的人。晚年他住在宣州开元寺，就在那里圆寂。

这些诗僧大多是些性格独特又各具才能的人。像后来被民间奉为"和合二仙"的寒山、拾得，性格诙谐滑稽，言行常常出人意表，这从他们留下的诗作亦可见出。中唐诗僧清江则"其褊躁之性不与人类"，法照"立行多轻率，游方不恒"（《宋高僧传》）。晚唐诗僧齐己"性放逸，不滞土木形骸，颇任琴樽之好"，贯休也是性格急躁，自尊心极强。唐末贯休居杭州灵隐，恰逢钱镠称吴越王，他也去献诗祝贺。诗中有这么一联：

满堂花醉三千客，一剑霜寒十四州。

十四州正是钱镠当时管辖的地盘，但钱氏野心很大，下谕

令贯休改"十四州"为"四十州",然后准备接见他。谁知贯休却发了倔脾气,犟头犟脑地答复道:

> 州亦难添,诗亦难改,余孤云野鹤,何天不可飞!

并且果然"即日裹衣钵拂袖而去"。如此不买堂堂吴越王的账,这脾气真是够大的,可以说是具有名士风度的和尚。

诗僧们往往也善写文章、擅长书法。僧无可在当时颇负书名,清人王昶《金石萃编》收录《僧无可书幢》《佛顶尊胜陁罗尼经》,在释语中引《关中金石记》云:"僧叡川撰文,无可正书,在西安府百塔寺。无可,贾岛从弟,字法学柳公权。"僧怀素的狂草,更是继草圣张旭之后达到书法巅峰,二人被并称为"颠张醉素"。

有不少诗僧还凭借自己的才能成了皇家的内廷供奉,方外之人竟混同于如倡优蓄之的御前侍臣。像僧广宣、栖白以诗供奉,僧子兰、僧鸾、尚颜、文秀以文供奉。这些和尚既已成了宫廷的御用文人,便不但奉命作文,而且应制作诗,诗文皆不免俗气熏人。

当然,既然号称诗僧,他们的主要成就并不在做官,而是在诗歌创作和理论方面。

皎然的《诗式》五卷论作诗体式兼评古今人诗,议论精当,取舍公正。日僧空海著《文镜秘府论》引述皎公诗论甚多。此书今存,且有今人的精校本,为研究唐代诗论的重要资料。齐己曾撰《玄机分别要览》一卷、《风骚旨格》一卷,摭采古人诗联,以风、赋、比、兴、雅、颂分类编排,又跟郑谷、黄损等人共定用韵,命名为葫芦、辘轳、进退等格(《唐才子传》)。

他们的创作成就,也得到时人的肯定。张为《诗人主客图》从诗歌风格着眼研究流派承继关系,兼有品评次第的意味。在清奇雅正主李益麾下,"入室"十人,僧清塞、无可占去两席,"及门"八人,其中有僧良义、志定。

晚唐诗人薛能一向自视极高,少所许可,独独对于诗僧尚颜,特别尊重礼敬。诗人李咸用对修睦(与齐己、贯休、虚中同时的诗僧)格外推崇,有《读修睦上人歌篇》,云:

> 李白亡,李贺死,
> 陈陶、赵睦(修睦俗姓赵)相寻次。
> 须知代不乏骚人,
> 贯休之后,惟修睦而已矣。
> 睦公睦公真可畏,开口向人无所忌。

才似烟霞生则媚,直如屈轶佞则指。

意下纷纷造化机,笔头滴滴文章髓。

明月清风三十年,被君驱使如奴婢。

　　诗僧们的作品当时曾有过多种结集,但散佚、失传的更多。到清人编《全唐诗》时,还搜集了四十六卷之多,其中确实有不少好诗好句。

　　繁荣昌盛的诗国中,诗僧是一支活跃的创作力量,光辉灿烂的唐代文学乃至整个文化,有诗僧们作出的不可磨灭的贡献。

遣唐使与传法僧

俗话说"水往低处流，人往高处走"，又说"主雅客来勤"。这话用于文化的流动，也颇合适。固然文化的交流总是双向的、互惠的，但毕竟还是有个高低、主客和予受的问题。隋唐时期，正在崛起的日本民族不畏艰险、不避劳苦地派遣使臣、留学生来到中国，根本原因就在于当时的中国文化居于世界的高峰，因而对他们有益、有吸引力。

中日"一衣带水"，今日飞机航程不过二三小时，但在一千多年前的唐代，来往却实在不易。

当时日本造船业尚不发达，工艺相当落后，船只粗糙窄小，易断裂破漏而操作欠灵巧。航海术亦处于幼稚阶段,还不懂得对季风和海流的恰当利用。因此遣唐使船只被大风吹得失去控制,倾覆沉没或随海浪漂失的事经常发生。据近代日本学者研究,遣唐使船队每四艘中便有一艘遇难沉没,其旅途艰危程度可想而知。

旅途中另一个危险是漂流到某些岛屿被当地居民杀害。如唐显庆四年(659)遣唐的第一船,漂至南岛,几乎全船遇害,仅剩五人盗船逃出,辗转到达中国。

即使没有这些,仅从海上生活的情形看,遣唐也是一项苦差。船上储备的淡水与食物有限,沿途又难以补给,所以只能靠饭干(将米饭煮熟后晾晒干燥储存,叫作"糒")充饥,靠一点生水解渴,新鲜蔬菜和水果大概只有在梦中才能尝到了。于是船队成员健康状况不容乐观,严重者甚至一病不起。

然而这一切并没有吓退来中国求取先进文化的日本人,遣唐使团所需的昂贵费用也没有令当时的日本政府就此却步。从贞观四年(630)到乾宁元年(894)二百六十多年间,共正式派出遣唐使十二批,另外还有两次送唐朝使臣回中国、一次迎接遣唐使归日本。

遣唐使团的组成除正、副使和一些必要的工作人员如判官、录事、通译外,主要有两种人,一是留学唐朝的生徒和僧人，一是各种工匠艺人。前者有长期留唐与短期随行之别，但无论何者，其任务均十分明确，就是读书学习、寻师访友，于是入唐以后便到各自对口的最高学府国子监或著名寺庙接受教育训练。唐王朝毫不保守，不但给予优厚的物质待遇，还特地为他们创造许多方便条件，如命有名学者对日本留学生做个别授经辅导。后者，即各种工匠艺人，范围很广，从舵师水手、造舶都匠、木工、锻工、铸工、玉工，到占卜师、阴阳师、医师、射手、武士，从画家、音乐家、舞蹈家、棋手到语言学家、历史学者，几乎囊括各行各业。他们既要在旅途中担负种种劳作，入唐后又有采访学习和交流的任务。这些人中一大部分未必能随正、副使进入长安，但仍可在船舶停靠的口岸自由活动，在遣唐使逗留中国的一二年时间内尽情领略唐朝高度发达的文明。他们同样是中日文化交流的重要媒介。

就是遣唐的正、副使，除了朝觐唐朝皇帝、递交国书、贡献物品等外交使命外，学习同样是他们来华的重要目的。不过他们着重在考察唐朝的政治、经济、礼仪制度和民情风俗，以便回国后可以更好地参与国内的政治活动。

全面而认真地学习，甚至如某些学者所说的"全盘唐化"，无疑曾给日本政体革新以巨大助力。645 年，日本发生"大化革新"，"由唐归国的留学生高向玄理和僧旻成为革新政治的主要设计人，他们参阅了唐朝的制度，具体制定了改革的方案"(武安隆《遣唐使》)。正是这一改革，将日本社会由奴隶制推进到封建制。此后的奈良时代(710—794)和平安时代(794—1192)，更是唐风东渐，势不可挡。日本政府频频派出遣唐使和留学生有组织、大规模地吸收唐文化，从而使整个社会从经济基础到上层建筑都有了飞跃发展。

也许觉得单派遣留学生还不够，日本方面还到中国来聘请老师。如精通《尔雅》《文选》语音的学者袁晋卿、擅长音乐的皇甫东朝和皇甫东女均由唐赴日担任官职。赴日的僧人更多，有名的如道明、道荣、道璿等，均在日有卓越表现。

高僧鉴真更是杰出的东渡传法僧。他冒着生命危险、百折不挠地前行，终于在失败五次之后，以六十六岁高龄和双目失明的身体顽强地到达日本。作为著名的佛教律学大师，鉴真在日本的首要工作是传戒授法。他开创了日本的律宗，将日本佛教的戒律规范化，校正许多佛教经典，推动了对它们的学习和研究；他主持了唐招提寺的修建，弘扬了唐朝建筑、壁画、雕塑等方面的成就；他又精通医药,辨析正仓院所藏各种药物,开方治病,传授医学知识。他随身携去王羲之父子书法字帖多种,对于日本书道的形成发展影响甚巨。日本人尊称他为"过海大师""唐大和尚"。他的崇高德性和辉煌业绩在真人元开的《唐大和上东征传》中有详明生动的记载。

七世纪至九世纪的中国,国力强盛、文化先进,唐朝的一切,从政治经济制度、生产方式、文学艺术到日常风俗习惯,如高屋建瓴水一般流向日本,是很自然的。许多崇慕华夏文化的留学生居留二三十年或终生留在唐土,甚至担任唐朝官职,成为唐朝臣民,也是可以理解的。比如阿倍仲麻吕(汉名朝衡、晁衡)先在长安太学读书,考取进士后历任唐朝官职,做到秘书监,交了很多诗友,如王维、李白、储光羲等。他一度也想回国,途中遇险,几经辗转仍折回长安,从此在唐朝做官直到逝世。中日两国均对他有好评,两《唐书》为其立传,《大日本史》载天皇语,说他"身涉丝波,业成麟角;问峰耸峻,学海扬漪",至今日本许多地方建有纪念他的设施。

颜筋柳骨和吴带当风

宋人撰著的《宣和画谱》云：

> 议者谓有唐之盛，文至于韩愈，诗至于杜甫，书至
> 于颜真卿，画至于吴道玄，天下之能事毕矣。

唐代诗文之繁荣早已遐迩皆知，自不待说，其书画艺术的昌盛也可以说是空前卓绝的。

唐初书家有所谓"欧虞褚薛"，即欧阳询、虞世南、褚遂良、薛稷，都以楷法名家。欧阳询的《九成宫醴泉铭》至今仍是初学者尊崇的法帖，虞世南摹的《兰亭序》、褚遂良书的《圣教序》都是唐人书法中的精品。

在他们之后的书法家，有"四明狂客"、解金龟质酒招待李白的贺知章，他善章草。有李白的族叔李阳冰和杜甫的外甥李潮，他俩善写篆隶，阳冰大篆凝重古朴常为人题碑额，李潮八分秀逸整饬则宜于写碑文。李北海（邕）瘦劲峭拔的魏碑体行书、"醉颠"张旭和释怀素的狂草，都是当时书法艺术中的翘楚，李北海的《麓山寺》和怀素的《自叙帖》，任何时候都令观者感到巨大的内在力量以及端庄与妩媚的良好结合。

　　颜真卿（鲁公）是这一时期最有代表性的大书法家。这固然与其刚强的性格、高尚的人品和一番轰轰烈烈的事业（与兄颜杲卿在河北起兵抗击安史之乱、又以垂老之年宣慰叛镇李希烈，不屈遇害）有关——字品因人品而愈贵，但根本原因还在于其书法的厚重遒美、潇洒多姿确实反映了盛唐昂扬蓬勃的时代精神。其正书《颜勤礼碑》《多宝塔碑》、行草《祭侄稿》《争座位帖》，从文字内容到书法艺术均令人钦佩崇慕不已。尤其是后两者，鲁公一腔正气于腕底喷薄而出，初似无意于行款间架，只是信笔挥洒，但因书艺已臻炉火纯青，卒成绝代佳品。今日读之令人仍可想见鲁公彼时须髯奋张之态。

　　晚于鲁公而与之齐名的是柳公权。"当时公卿大臣家碑板,不得公权手笔者,人以为不孝。外夷入贡,皆别署货贝,曰:此购柳书。"(《旧唐书·柳公权传》)其书法声名播扬中外一至于此。其真书《玄秘塔碑》,流传之广、影响之大可谓无与伦比。

习书者言,练字当从颜、柳、欧入,因三家之字结体谨严有致,笔势劲媚相济,多用中锋而无偏倚侧斜之弊,习之即不能成功亦不易致病。所谓"颜筋柳骨",乃书家极重视的基本功,具此,则今后之腾挪变化、创造翻新均有法度而不失规矩,唐代书法哺育后人之功伟矣哉!

唐之画事亦空前繁荣,多有诗画或诗书画皆精之大家。如王维(摩诘)被宋人苏轼誉为"诗中有画,画中有诗",其"破墨山水"(即与青绿山水相对的水墨画)则被明人董其昌尊为"南宗之祖"。又如郑虔,曾画《沧州图》题诗以献,玄宗署其画曰:"郑虔三绝。"

宫廷画师中,最著名的当数阎立本与吴道子。阎擅长人物画,曾奉太宗旨意作《秦王府十八学士图》《凌烟阁功臣二十四人图》《职贡图》等。其《历代帝王图》(画西汉昭帝刘弗陵至隋炀帝杨广等,今存十三人像)、《步辇图》(画唐太宗接见吐蕃使者禄东赞),均不但细致刻绘外形服饰,且能深入人物内心。如《步辇图》中太宗的威严自若、禄东赞的谦卑虔诚均表现得十分生动突出。

吴道子即吴道玄，原是民间画师，因名震两京而被玄宗召为翰林供奉，并拜内教博士。他是画界的一个全才，人物、菩萨、神鬼、龙、鸟、花木、山水乃至车舆、器仗、桥梁、房舍无不精。当然最擅长的还是人物画。传为他所画的《送子天王图》，被历代收藏家宝爱。明人张丑《清河书画舫》评此画是"天下名画第一"。中国画史上有"吴带当风，曹衣出水"的说法。吴即指道子，谓其人物画笔势圆转而衣带飘举如临风轻拂之状；曹指北齐曹仲达，因其所画人物"其体稠叠而衣服紧窄"（郭若虚《图画见闻志》）。此语将曹吴并举，既表明其地位相齐，又显示各自不同艺术特色。由于吴道子成就杰出，风格独特，唐人乃称其画为"吴家样"。

唐代画家众多，仅张彦远《历代名画记》所收即有二百余人，除上述几位外，大名鼎鼎的还有人物画家尉迟乙僧、张萱、周昉；山水画家李思训父子、张璪、王墨；花鸟鞍马等杂画家薛稷、曹霸、韩幹、韦偃等，不能一一列举。

文物荟萃在唐代

　　唐朝建国距今已一千三百八十多年，从那时留存至今的东西，即或是一草一石、片纸只简，都已是宝贵的文物。文物是历史的见证，是凝固的史迹。面对形形色色的实物，史书上的记载不但可以获得印证，而且会变得活泼生动。

　　然而毕竟光阴迁贸、沧桑移易，那些最能代表盛唐国威的雄伟宫殿，长安的大明宫、洛阳的上阳宫，诸如此类的建筑群和风景区（如曲江池、芙蓉园和洛阳西苑等），早已在历次战火中毁坏、平圮，以至于无影无踪了。

　　幸存的自然便更觉珍贵。像当年唐三藏译经和登科进士聚宴集会的西京慈恩寺，虽然也已非复旧观，但那高标出世的慈恩寺塔,即大雁塔,依然岿然屹立,供今日的游人们登临眺望。眼前广袤的田野和拔地而起的现代化建筑和脑中对唐人风采的遐思追想融成一片,你或许会同昔日李商隐登上潭州官楼一样,兴起"今古无端入望中"的感叹吧。

当初进士雁塔题名的遗迹,褚遂良书写的《大唐三藏圣教序》,已经刊于石碑,至今还保存在雁塔之下。更多的书法碑刻(神道碑、墓志之类)则被集中于号称"碑林"的博物馆中。

创建于光宅元年(684)的大荐福寺已不复存在,但它那座密檐式全砖宝塔却抗过兵燹、地震之灾,屹立至今。它与东面的慈恩寺塔遥遥相望,赢得"小雁塔"的美名。

想当初在长安、在洛阳,有多少寺庙宫观,有多少官宦豪富之家的连云广第。在这些建筑巨大的墙壁上,曾有多少艺术家挥洒过笔墨丹青。吴道子画过,王维、郑虔画过,李思训父子画过,常粲父子画过……可惜随着这些建筑的塌毁,那些被唐人描绘得精美绝伦的壁画也都消失了。真正靠得住出自唐人的绢画也所存无几。

要欣赏唐人壁画,现在的最佳去处,无过于敦煌莫高窟,因为那儿集中而且保存完好。同样属于唐代西域的还有龟兹(今库车)的克孜尔千佛洞、高昌(今吐鲁番)的柏孜克里千佛洞和于阗丹丹威里克废寺等处,都保存了相当数量的壁画。唐代吐蕃的首府逻些城(今西藏拉萨)和象泉河谷扎达附近的古寺里,也能找到一些唐代的壁画。

墓室由于深埋地下,壁画往往保存得比较好。如章怀太子李贤墓的墓道,就绘满了壁画,内容有仪仗出行、宫廷生活、农耕狩猎、体育竞技乃至朝会礼宾等,简直宛如一座地下画廊。

唐人曾经有过发达的丝织业、陶瓷业、金银珠宝业、制镜业,各行各业均是手艺精湛、名品迭出,凡能留存至今的都是无价的文物。

丝织品数量多、花样新,因为它的大量西运,才有丝绸之路的名称。至今在这条交通要道沿途的古墓中,尚常常发现唐代丝绸或丝绸制品。晕繝提花锦裙、联珠对马或对孔雀纹锦、双丝地蜡对鸟花束纹纱等,足以令人眼花缭乱。白居易《新乐府》有《缭绫》一篇,描写一种"不似罗绡与纨绮"的丝织品,其白地者"应似天台山上明月前,四十五尺瀑布泉",其提花或染色者,则"中有文章又奇绝,地铺白烟花簇雪""织为云外秋雁行,染作江南春草色……异彩奇文相隐映,转侧看花花不定"。虽然我们难以亲睹真正的缭绫，但根据诗人的描绘，结合出土的唐代丝品，也就可以想象一二了。

陶瓷易碎，但也有幸存的唐瓷。当年在长安东、西两市随意买卖的邢州白瓷、越州青瓷，均有出土。

最有特色而又被成功地仿制出来的，是唐三彩。那鲜艳明丽的黄、绿、赭三色，那丰富多彩、生动活泼的动物（骆驼、马）和人物（武士、乐伎）造型，处处闪烁着唐人乐观奋发的精神和高超的技艺才能。真唐三彩当然不可多得，但虽是仿造却可以乱真的新品仍然博得中外人士的极大欢迎，成为珍贵的礼物和收藏品。

唐人铸造和打磨的铜镜，金银杯盘壶觞，保存下来的不少，近年又陆续有所出土。曾经因隆重的迎送佛骨大典而名著史册的凤翔法门寺，近年发掘出许多唐时金银玉器和其他珍宝，其精致华美使观者无不赞叹。凤翔也因此成为一个旅游观光的好去处。

古长安四周有许多唐代帝王陵墓，昔日曾是禁地，今日看来却是大量文物的汇聚处。前面提到的章怀太子墓是如此，其他如太宗昭陵、武后乾陵、永泰公主墓等亦无不如此。像"昭陵六骏"大型浮雕，就是艺术珍品、无价文物。虽然其中两匹（飒露紫、拳毛䯄）已被美国人盗去，但另四匹——什伐赤、青骓、白蹄乌、特勒骠——还在。如今去陕西省博物馆(碑林)可以看到它们,既可领略其飒爽英姿,又可忆起往昔受侵略的屈辱,激发起深沉的爱国主义情感。

中国第一座大型现代化国家级博物馆——陕西历史博物馆,于1991年6月20日正式开放。该馆位于大雁塔西侧,占地七万平方米,其建筑既有唐代风韵,又有现代气魄和良好的保护设施,古朴庄重,轩昂瑰丽。当我们有机会流连于这座中国最大的现代化历史博物馆,面对多彩而辉煌的唐代文物时,我们一定会觉得离那遥远的时代近了许多。

从龙门到敦煌

石窟艺术,又称石窟寺艺术,顾名思义是与宗教(主要是印度佛教)有关。推源溯流,中国的石窟寺艺术,与佛教的传入几乎起于同时。而唐代则是这种宗教艺术的极盛时期。

据研究者统计,唐代石窟遍布中国,南至巴蜀云南,东至齐鲁瓯越,而以西北甘肃、新疆和晋豫等地更为集中著名。

位于今山西大同(古称平城)的云冈石窟开凿于北魏,唐代继作,如第三窟后室之"西方三圣"像。但总的说来,继修的规模不大。

在唐代更著名的是东都洛阳南郊的龙门石窟。虽然龙门石窟的最初营造也是北魏时事，但它的黄金时代是在唐朝。现存主要洞窟如西山宾阳南北洞、潜溪寺、万佛洞、惠简洞、奉先寺、看经寺等，按其纪年来看，许多造像均产生于武德八年(625)至贞元十四年(798)之间。

> 龙门石窟群像蜂窝一样密布在伊水两岸、东西南山的峭壁上，南北长达一公里。……北魏洞窟约占三分之一，唐代窟龛几乎占三分之二。据1962年统计，两山现存窟龛两千一百多个，佛像十万余躯，碑刻题记三千六百块左右。（宫大中《龙门石窟艺术》）

佛寺石窟造像，当然与佛教教旨有关，所刻石像，无非是释迦牟尼、阿弥陀佛、观世音菩萨及金刚、力士、天王等。北魏至隋所刻诸像还留有较多印度影响的痕迹，人物形貌一般趋于清瘦秀劲，高鼻广额、细长眉眼，衣服的襞褶线条劲健有力而不以柔和取胜。无论从体格、面相、衣饰来看，都颇有印度人的风格。

但正如印度佛教入华后既要发生影响又必发生变异一样，石窟造像到唐代便进入明显的"世俗化"过程——所刻佛像有了日益增多的唐人风采。富于创造性并且具有很强大的民族主体文化的唐人，不可能不把自己的智慧技巧和精神力量投射到石像的刻制之中。

　　还有一个值得重视的原因。那就是原先凿刻石像往往出于比较单纯的祈福禳灾目的，只要充分表达出对佛祖的敬畏崇仰即可；越到后来，人的主体意识越强，虽在至高无上的佛菩萨像身上也不知不觉地灌输、渗透进了对人的歌颂和赞美，于是庄严神圣的佛菩萨便带上了愈来愈浓的人情味，以至于许多观者竟在唐代石刻或泥塑佛像中不约而同地发现"宫娃如菩萨"的现象。一位论者说得好：其实应是"菩萨如宫娃"，因为许多菩萨的形象实际上是以妃嫔姬妾和伶伎为模特的。

　　龙门奉先寺有一座巍峨的大卢舍那佛像，其佛龛规模为龙门石刻群之冠。据开元十年（722）补刊的《河洛上都龙门之阳大卢舍那像龛记》云："佛身通光座高八十五尺，二菩萨七十尺，迦叶、阿难、金刚、神王，各高五十尺高。"可以想见其雄伟壮观。碑文又云："皇后武氏助脂粉钱二万贯。"说明它是在高宗皇帝亲自过问、皇后武则天资助下开建的。

　　妙处就在这座佛像违背佛教中佛菩萨为男性的惯例，处处表现出女性的面貌特征。不但如此，这尊佛像竟也跟历史记载中武则天的相貌一样是"方额广颐"。当然佛像又是经过美化的,她慈眉秀目,两耳垂肩,鼻直口方,嘴角微微上翘,似含着永恒而神秘的笑容,整个头部略显低倾,深沉而慈祥地俯视着匍匐在她脚下的芸芸苍生。

"菩萨如宫娃"在这里升级为"佛祖如皇后"了。关键就在于这尊大卢舍那佛乃是奉敕和由皇后资助建造,更在于这位皇后野心很大,刻此佛像以弘扬释教,不过是她欲以日月之光普照天下的步骤之一而已。

和龙门不同,敦煌莫高窟的造像都是泥塑。这是由当地自然条件决定的。莫高窟的崖壁属玉门系砾岩,由河水冲积而成,不是完整坚硬的巨石,因此仅可凿窟而不宜雕琢作像。敦煌地处沙漠之中,空气干燥,当初匠人用以绘制塑像和壁画的材料性能又很耐久,所以虽然历年古远,莫高窟至今仍有两千多躯塑像、四万五千多平方米的壁画,可供我们观摩欣赏。

唐代是莫高窟的全盛期,遗留至今的洞窟有二百十三个,几占全部窟数的二分之一。

莫高窟里的艺术品有两类,一是塑像,一是壁画。

塑像的质地与云岗、龙门不同,风格自然也就各异,但从审美情趣言之,则唐代的石刻泥塑都同有"世俗化"的趋势。

潘絜兹《敦煌莫高窟艺术》描述唐代塑像云："这个时代的佛像，面相温和、慈祥、庄严、镇定。……特别在菩萨像的制作上，使我们惊叹。这些菩萨像，都如袒胸露臂的美丽女性。她们身段秀美，气度娴雅。修长的眉眼，表现了无限明澈、智慧、温柔而又不可亵渎。小小的嘴，唇角带着微笑，好像在亲切地倾听着人们的祈求。袒露的部分，都精微而妥帖地表现了肌肤的细腻润泽，好像里面有血液在流转，脉搏在跳动。衣裙都能表现丝绸的质感，薄薄地贴在身上，漾起的襞褶如微波荡漾，极富于音乐的节奏感。唐代艺术家在少女型的菩萨塑像上歌颂了人类女性的善良、美丽、智慧和尊严，也迎合了世俗的欣赏要求。"

无须笔者再赞一词，莫高窟塑像之美已尽显无遗。

壁画是莫高窟的特殊贡献，数量之大、内容之丰、技艺之精罕有伦比。

这些壁画多以佛教经变为题材，即将佛经故事和教义变为形象的画面。其中又以"西方净土变（即阿弥陀净土变）""东方药师净土变""维摩变""法华经变"为多。其形式大体为阿弥陀佛端坐于中央莲花座上，观音、势至两位大菩萨侍立于旁，包括罗汉、天王、力士、夜叉和供养菩萨在内的圣众信徒围绕四周。佛座前有一部伎乐，乐队庞大,舞者婀娜。背景则是菩提圣树、亭台楼观,飘飞的彩云、祥鸟和小飞天。

在主画面的两侧,一般还配有较小的画,分段表现经变故事,犹如后世的连环画。

供养人,也就是出资凿窟的主人,也在壁画中占了一席之地。他(她)们常被绘于石窟甬道两壁或经变下方,有的竟混在经变听众之中,作为佛菩萨的侍者而出现。这些人物形象跟现实生活十分贴近,时代性很强,是研究服饰史、审美观念演变史的极好直观资料。《张义潮夫妇出行图》绘于其侄纪念他收复瓜、沙等州功勋的窟洞中,是现存最宏伟精致的壁画巨制。

宗教可以迷惑人心。但宗教也能把人的潜能最大限度地诱发出来,甚至变成一种狂热,从而在各方面,尤其是艺术上,创造出奇迹。从云岗、龙门到地处僻远、条件艰困的敦煌,都以其不朽的艺术杰作,说明了这一点。

人性高扬的唐代文学

　　修习唐代历史者,无不重视唐代文学。这一来是因为唐代文学,从诗、赋、散文到传奇小说,成就辉煌,光照千古;二来是因为前辈学者所创"以诗(文)证史"(或反过来曰"以史证诗")之法使文学作品的史料价值大为提高。

　　中国自古以来有"文史不分家"之说,但人们心目中却普遍有"史贵于文"的观念。诗圣杜甫无疑是文学巨擘,然而何以如此? 只缘其诗作够上了"史"的标准,因而有"诗史"之称。诗而至于史,乃是对诗之最高评价,而这远非人人所能达到,岂不说明史之贵于文乎?

　　诚然,唐代诗、赋、散文、小说由于其内容丰富、贴近现实,确实堪称一部表现为文学形式的历史。这也确实是唐代文学的一种价值。

然而,文学固然要反映社会现实,但其最本质的功能却在于表现和张扬人性。文学不仅要让读者看到它所记录下来的社会的某些情状,更应当充分显示创作者的个性,使千秋万代的读者看到一个个活生生的人,具有独特风姿和性灵而迥异于他人的人。

唐代文学最大的价值——无可替代的审美价值,即在于此。

历代诗评家谓:唐诗人中有仙、圣、佛,即李白、杜甫、王维;又有所谓"鬼才",即李贺。其实无论仙圣还是佛鬼,我们读其诗,想见其风采,只觉得他们首先是血气刚健、骨骼铮铮的大写之"人"。唯其如此,我们始能尊之敬之,慕之爱之。至于他们的诗作中究竟具有多少与史实相符的资料,那倒是次要的事。

诗歌是审美鉴赏的对象,读诗主要不是为了捕捉史料,而是为了理解人、亲近人,获得心灵的沟通,因此急急乎搜寻古人诗中反映了什么社会状况,并对古人的言行按今日标准作出价值判断,实在是离题之举。

如果用比较开阔、真正符合文学鉴赏本义的态度去读唐诗,我们当会发现一大批、一系列有血有肉、性格各具特色、各有光彩和魅力的人的形象。李、杜、王、韦（应物）不用说了，像压抑着一腔牢骚而故作洒脱的孟浩然，像胸中充满苍凉悲愤之感的"诗家夫子"王昌龄，像性格内向、遭贬后忧愁多于怨恨的柳宗元，像行为乖张、言辞通俗与怪僻交杂的卢仝，像情感缠绵、永远沉浸于自伤自怜中的李商隐，像豪纵倜傥、怎么也遏制不住勃勃英气的杜牧，以及地位卑微而内心自尊、才华洋溢的女冠或倡伎诗人鱼玄机、李季兰、薛涛等，简直不胜枚举，都显示着卓特的风姿面貌，令人目不暇接。我以为这才是唐诗根本价值之所在。

诗既如此，文亦如斯。韩文公（愈）滔滔如江海、磅礴如劲风的文章，读之令人振奋，可以想象此公当日企图力挽狂澜的雄心。皮日休、陆龟蒙、罗隐的短文小品则显示了他们的积郁、愤懑和过人的机智。清编《全唐文》中，虽然一大半属于当日之应用公文，但即使如元稹、白居易、李德裕、李商隐这样代草公文（从朝廷的诏敕制诰到节镇州府的表疏章奏）的专家，也都留下不少表现性灵的文或赋，足以使人看到他们"官相"背后的"人样"。这一类文或赋便是具有浓厚文学意味的精品。

史称唐人始有意作小说（鲁迅《中国小说史略》）。唐传奇是当日文苑中一朵奇葩,或叙灵怪,或叙脂粉,或述史迹,或演今人情事,不但塑造了一个个血肉丰满的人物形象,而且透过小说的爱憎褒贬还能体会出作者内心的脉动。像《长恨歌传》《东城老父传》所表现的沧桑之感便透露了作者对盛唐之世的无限留恋与盛极而衰的喟叹反思。像《霍小玉传》《谢小娥传》则饱含着对不幸女子的深沉同情和对她们不屈斗争的衷心赞叹,表明这两位作家虽是古人却并非盲目的大男子主义者。

除了文人创作,唐代民间文学亦极繁荣。民歌民谣遍于各地,或唱劳动生产,或歌男女恋情,无不活泼大胆、刚健清新,许多针砭时弊的谣谚则尖锐辛辣而又幽默。民间故事传说,乃至外来的神话与宗教故事,经由群众和僧徒的口头传播和文人的笔录整理,也汇入唐代的文学潮流之中。寺庙的唱经、俗讲、变文,是新型的说唱文学,刺激推动了唐代叙事文学和初期戏剧的发展。而这一切也都毫无例外地渗透着、反映着唐人的心态和精神生活要求,值得我们从人性的丰富、复杂和变易这个角度作一番探索。

唐诗:难以逾越的巅峰

　　中国向有诗国之称,在中国文学中,诗歌起源最早,发达也早。而唐诗,则创造了诗史的高峰。

　　中国诗歌为什么恰恰在唐代登上巅峰?文学史家们曾从经济、政治、文化等方面列举过许多原因。概言之,则不妨曰:此乃历史的一种宿命。悠久漫长的诗歌史发展至此,一切条件均已具备,出现高峰自有其无可避免的必然性。从诗歌内部言,诗体至唐而齐备,诗法至唐而精严,诗美至唐而璀璨辉煌、无以复加。从外部条件言,则唐诗得天独厚,在社会生活中享有空前绝后的崇高地位。皇家、官府重视,科举以诗赋取士,皆是唐诗发展的有利条件。

　　唐太宗邀虞世南论诗并唱和,武则天亲自为诗歌创作竞赛颁奖,唐明皇率群臣赋诗送张说巡边,唐宣宗作诗哀挽白居易……历来传为佳话。更难得的是唐人下至平民几乎人人懂诗爱诗。王昌龄、高适、王之涣旗亭画壁一较短长,被梨园乐妓奉为"神仙",可证歌女对诗人的爱戴。长安歌妓因诵得白居易《长恨歌》而大言增价,可见白居易诗在民间被崇拜和受欢迎的程度。洛阳商人之女、十七岁的柳枝姑娘酷爱文艺,擅长音乐,闻人口诵李商隐《燕台》诗,心领神会,爱慕不已,主动提出与商隐约会,充分显示了唐平民少女的诗歌鉴赏能力和对诗人的热情。王谠《唐语林》载:"衡山五峰,曰紫盖、云密、祝融、天柱、石廪,下人多文词,至于樵夫,往往能言诗。尝有广州幕府夜闻舟中吟曰:'野鹊滩西一棹孤,月光遥接洞庭湖。堪憎回雁峰前过,望断家山一字无。'问之,乃其所作也。"可知唐时渔人樵夫皆能诗,且水平不低。此外还有不少传说,讲到用诗竟能排难解纷,以至于明人胡震亨击节感慨:"王毂举生平得意句,市人为之罢殴;李涉赠'相逢莫避'诗,夜客为之免剽。唐爱诗识诗人何多!"(《唐音癸签》卷二六)

　　合以上诸例,足以说明,诗在唐代确实已成为全民言志抒情、交流思想、沟通感情的工具,同时也可用来游戏消闲,愉悦心怀,逞才斗智。唐人生活中到处有诗,唐人简直就生活在诗的氛围之中。正是如此全民性的积极投入，全民都来贡献聪明才智，才将唐诗推上了诗歌艺术的巅峰。

说到唐诗的根本特色，古人几乎一致的意见是：唐诗主性情。元好问说："唐贤所为，情性之外，不知有文字云耳。"(《遗山先生文集》卷三七《陶然集序》)杨慎说："唐人诗主情，去《三百篇》近。"(《升庵诗话》卷八)王士禛说："唐诗主情，故多蕴藉。"(《带经堂诗话》卷二九)这些自是针对唐诗总体特征的宏观判断。另一方面，唐代诗人众多，身份地位、性格气质各不相同，又加不少人经历曲折，心态屡变，诗风亦往往随之变化。所以，唐诗之风格、色彩极是丰富多样。别说整个唐诗，就是诗圣杜甫一人，平生就创造出多少风格：沉郁顿挫，豪放壮阔，悲怆凄婉，亲切诙谐，议论风生，玲珑轻倩，晦涩朦胧，可谓色色有之。以至于后人认为后代之诗的各种风格、各种流派都能在唐诗中找到源头。

所谓"唐诗主情"，我的理解是说唐诗天真——充满天趣而又真诚，善于倾诉感情，且以倾诉感情（而不是挖掘思想）为创作的根本追求。唐人作诗当然也用心推敲，甚至字斟句酌，也发表议论，有的也颇富理趣；但多是显得率意而洒脱，心思没有那么细密深曲。批评唐诗的人爱说"唐诗浅"。是的,唐诗确实"浅",它往往直抒胸臆,写眼前事、眼前景,不大掉书袋,较少耍字眼,也较少制造反常拗涩的句式;然而它们与人心,与口语更为贴近,也更易引起普通人心灵的共鸣。这显然与唐诗属于全民所有这个根本特点颇有关系。这一点是此后任何时代的诗所难以相比的。我们都熟知李白之诗在下层百姓中广为流传,杜甫诗中常有"村夫子气",白居易写诗追求"老妪能解",不仅唐代最杰出的三大诗人创作"主情"而真诚,其他多数诗人大抵也是如此。唐人得天独厚之处,就在于他们生活在一个诗的时代,人们的心灵被诗占据着,从他们眼中看出去,几乎到处是诗。他们的喜怒哀乐都能够诗化,他们的情感和智慧都集中于诗歌,诗歌成了他们精神生活最主要的方式。结果中国诗歌就命定地在唐代达到了它的巅峰。面对这一无比壮丽、奔腾澎湃的文学洪流,后人发现,好诗大抵已被唐人作尽。诗歌的天地到处是唐人的声音和身影。唐以后的诗歌创作之路该怎么走? 这实在是个历史性的难题。

唐人的乐府

"诗言志"是我国古人对诗歌本质的一种高度概括，早在春秋战国时代就已经获得普遍的承认。到了西汉，作为儒家诗论的总结，《毛诗序》给诗下定义曰："诗者，志之所之也，在心为志，发言为诗"，这就说得更清楚了。《诗经》中大部分是抒情诗，只有一小部分具有叙事性质。《毛诗序》所作的理论表述，正是以《诗经》为实践依据的。

受儒家诗教牢笼的诗人们往往不肯用诗来叙事，但叙事诗在乐府民歌中却占很重要的地位。余冠英先生指出：最能见出汉乐府特色的是叙事诗，像《上山采蘼芜》《陌上桑》《陇西行》《孤儿行》《东门行》等，其内容的丰富曲折，描绘的酣畅淋漓，远非《诗经》中的作品可比。至于《孔雀东南飞》以及时代更晚的《木兰辞》这两首脍炙人口的名篇在叙事艺术上的成就更是不待多说的。

乐府民歌对后世文人发生过种种影响。例如,饱经离乱忧患的建安诗人能够比较重视用诗歌直接反映现实,就跟这种影响有关。此后从晋到唐,文人作家所作的乐府诗不绝如缕,其中既有叙时事的,也有叙故事的(历史的或传说的)。到了中唐前后,由于新的历史条件的推动,更是出现了一批诗人,如白居易、元稹、张籍、李绅等,他们更自觉、更积极地向乐府民歌学习,彼此呼应,相互切磋,一时形成颇大的声势,发起了为史称艳的新乐府运动。

唐代乐府诗人在叙事艺术发展史上的贡献,是他们通过更好地向以往和当代民间文学以及兄弟文学样式(如传奇小说、变文等)学习,更熟练精巧地掌握了想象、虚构等艺术思维方法,从而使他们在再现生活时能够更好地重新熔铸素材。其中艺术上的成功之作,往往是把一段内容颇为丰富的生活横截面呈现于读者面前,在某种意义上收到短篇小说或独幕剧似的效果。如杜甫的《石壕吏》,这首篇幅不长的诗,以诗人——犹如第一人称小说中的"我"——暮来晨去为线索,见证了一幕官府抓伏的惨剧,实质上是把一家农民在安史之乱中所遭到的不幸浓缩在一个晚上、一个场景之中加以表现。出于文字简洁的需要,《石壕吏》只集中地写了老妇人的陈词。可是透过它,我们却看到了凶恶的官吏,看到了她三个在前线拼死作战的儿子,看到了眼下正躲在一旁吞声饮泣的儿媳和孙子。加上起初未出场的老翁和作者,这首诗不同程度地写到了九个人物。这些人物有的在幕前,有的在幕后,大部分一言未发,但对于完美地展现这一幕令人心酸的故事来说,都是缺一不可的。由于诗写得朴实而逼真,人们毫不怀疑它是一桩真事的实录。其实诗人进行虚构的痕迹,从人物关系的设置、故事情节的展开等方面,是并不难觉察的——如果不是作者将素材作了典型化的处理,何以灾难这样集中地降临这户人家,使其遭遇既如此突出,又如此具有代表性呢?明明经过作者的加工改造甚至添加了想象虚构的成分,却令人毫不怀疑其真实性,这是因为在诗中贯穿着一种强有力的生活逻辑。

另一方面,唐代乐府诗人在某些作品中,已开始自觉地运用集中、浓缩、聚焦,或者说文学典型化的办法,通过个别特定人物的经历以表现同类人群的命运。白居易新乐府诗中有一些篇章的人物形象已臻此佳境。如《新丰折臂翁》抓住此翁年轻时自折臂膀以对抗兵役的典型情节,细述他年老来伤处时时作痛却又庆幸保全性命的复杂心情,《卖炭翁》对老人"满面尘灰烟火色,两鬓苍苍十指黑"的外形描述和"可怜身上衣正单,心忧炭贱愿天寒"的心理揭示以及《杜陵叟》篇末"虐人害物即豺狼,何必钩爪锯牙食人肉"的怒吼,都从不同方面显示出了他们各自由于出身、经历不同所形成的个性特征。

唐代乐府诗人在叙事艺术上的努力,也许不妨称之为"诗歌的小说化"。由于他们的努力,诗歌突破单纯言志抒怀议论的框框,进入客观反映现实的领域,从而给我们留下了一批堪称"史诗"的作品,它们犹如一面面镜子反映出中唐社会上形形色色的矛盾和问题,不但具有艺术价值,而且具有史料价值。但是也就在这成绩之中,暴露出诗歌体裁的巨大局限:在演述跌宕起伏、波澜层出的情节和毫发毕现地塑造人物方面,它不及散文体裁的小说和散文、诗歌并用的戏剧。实践证明,周到谨严地叙事毕竟不是诗歌的特长,最适合于诗的,还是感情的宣泄。这大概便是乐府诗创作高涨了一阵以后,终于消沉下去的根本原因。

节日的感慨悲歌

唐代是一个文学创作全面繁荣，诗人、散文家、骈文家、小说家辈出的时代。作家们固然在一年的任何一天都可以进行创作，但在节日，即在有特定文化意蕴的日子里，由于时令和周围人文气氛的变化，往往更易激发他们的创作灵感。

综览唐人众多有关民俗节日的诗文，除了那些奉诏应制和部分游宴唱酬之作往往充斥祝颂、吉祥之语或以欣喜欢畅为基调外，大部分此类作品都不同程度地表现出一种感伤忧郁的情味和色彩。

唐代虽实行科举制度较为开明，但狭窄拥挤的仕途和风波不断的官场，不可避免地使许多文人士子成为失意者。无论是屡试不第还是遭到排挤贬逐,他们胸中往往郁积着许多愤懑和不平。于是,悲叹光阴、痛惜韶华,担心功名不立、志业难成等,便很自然地成为他们吟咏的重要主题。而这种悲怆凄惶之情,在一些民俗节日里就会变得更强烈,更令人感到煎熬而难以排遣。

孟浩然于四十岁游京师求仕失败后曾去瓯越游历,在乐城(今浙江乐清)恰逢除夕,因而格外凄惶难忍。正在这时,巧遇在那里担任县尉的友人张子容。孟、张本有通家之好,张邀孟至家一同守岁,使孟浩然既感激又兴奋,遂连作两诗记述此事。但诗中于欣喜快慰之中,对两人的遭遇仍流露出深深感慨:"余是乘槎客,君为失路人。平生复能几,一别十余春。"(《除夜乐城逢张少府》)而且除夕、新年过后,孟浩然终究仍要回到客馆,不可能在朋友家长住,这时他的心情就更加黯然而惨淡:"异县天隔隔,孤帆海畔过。往来乡信断,留滞客情多。"(《除夜乐城馆中卧疾怀归作》)还有一首在《全唐诗》中误入孟浩然集而实为崔涂所作的《巴山道中除夜书怀》(卷六七九),写诗人因长期离家远游而造成的心情变化,非常真切感人:"迢递三巴路,羁危万里身。乱山残雪夜,孤烛异乡春。渐与骨肉远,转于僮仆亲。那堪正飘泊,明日岁华新。"像这样的例子在唐人诗作中,还可以举出许多。

造成节俗诗多倾向于悲感的原因是复杂的。除了个人遭际的不幸外,时光流逝、自然代谢、生命衰老等现象给予人们的精神压力,也很重要。而且这一点对于社会各色人等是一视同仁的。这就是某些官高禄厚、在他人看来几乎事事如意的人,也会在节日不时发出悲叹哀鸣的道理。而当个人不幸与生命消逝两者相纠结、相交缠,就必然会使人们更倾向于悲观颓唐。

白居易在这方面是个突出的代表。他中年以后所作的诗,几乎就离不开这个主题,越到晚年就越掰着指头算日子、算年岁,其有关节日的诗,无论是春天的寒食清明,还是秋冬的重阳、冬至、除夕,都围绕着这个中心。试举《除夜》一例便可以概其余:"病眼少眠非守岁,老心多感又临春。火销灯尽天明后,便是平头六十人。"(卷四五一)

不仅白居易如此,诗仙李白也不例外。李白诗文总的格调是豪雄奔放,但他对光阴电驰、岁月不居也时致感慨。他在《春夜宴从弟桃李园序》中明确地说:"夫天地者万物之逆旅也;光明者,百代之过客也。而浮生若梦,为欢几何!"在《九日登高》诗中则感慨于"古来登高人,今复几人在",与其《把酒问月》诗的"今人不见古时月,今月曾经照古人"所表现的思绪可谓息息相通。

杜甫的诗风本来就因多写时代动乱、民生疮痍而比李白凝重深沉,涉及节俗之诗,则因常年颠沛流离的生活而更加趋于悲怆哀伤。他的七律名篇《登高》作于大历二年(767),与其他四首共称《九日五首》,写重阳啜饮独登的观感与心情,"无限悲凉之意溢于言外",被明代诗论家胡应麟誉为"古今七律第一"。难能可贵的是,他的悲愁常涉及国计民生或能推己及人。他飘泊至云安(今重庆云阳),九日陪人饮宴便忍不住吟出"万国皆戎马,酣歌泪欲垂"的诗句来。他可以对自己贫困的船居生活安之若素,但始终未能忘怀国家的安危,所以他的《小寒食舟中作》读来不由得令人于悲怆中升起崇敬之感:"佳辰强饭食犹寒,隐几萧条带鹖冠。春水船如天上坐,老年花似雾中看。娟娟戏蝶过闲幔,片片轻鸥下急湍。云白山青万余里,愁看直北是长安。"

忧国、忧民、忧家、忧己;忧事业无成,忧年光流逝,忧生命短暂,忧衰老迫至……这真是无穷无尽的忧愁。我觉得,这是中国古典诗文所创造的典型境界之一,是中国古典诗文重要美学特征之一,也是中国古典诗文不朽价值之所在。

硕果累累话史馆

中国人向来看重史乘,尤其是身处统治地位的人。他们渴望从前代的史迹中获取资治的良鉴,也乐意让史册载满自己的丰功伟绩,载满臣民对他们的歌颂赞美。但有时心情也很矛盾,深怕自己有所失德,被老实不客气地记录下来,贻笑乃至遗臭万年。所以,中国自古便在国君身边设立史官,记言、记事各有分差。同时把编著史书看作一桩大事、一种权力,竭力垄断把持在统治者手中,放在国家监管督察之下。"私修国史"曾经是很大的罪名,像东汉的班固、唐朝的郑虔都曾因此下狱,吃过很多苦头。

于是后来便干脆设馆修史。东汉有兰台、东观,北魏有修史局,北齐与隋均有史馆。但直到唐贞观三年(629),史馆一直隶属于秘书省著作局,以著作郎掌修国史,地位不够崇重。这一年闰十二月,太宗下令:移史馆于门下省北,由宰相监修,著作局则罢此职。等大明宫修成,史馆的位置是在门下省南(《唐会要·史馆上》)。

这是一个重大变革:以掌修国史为职的史馆从此正式改隶门下省(开元二十年后改隶中书省),皇帝委派宰相亲自督察其事,编录史乘的国家化色彩愈加固定而浓重。此制极宜封建政体,故由唐至清迄未再改。

唐史馆的工作包括两个方面:(一)修前代史;(二)修本朝史。两方面均成果丰硕,蔚为大观。

后来被定为正史(所谓二十四史)的纪传体史书,有八部由唐朝史馆编纂而成。仅此一端,已足见唐史馆工作效率之高。

《梁书》《陈书》《北齐书》《北周书》《隋书》,原来合称《(唐前)五代史》,是唐史馆成立后修的一部大书。后来一分为五,倒也各自起讫眉目清楚,但《五代史志》三十卷是通代的,不能分割,遂把它置于时代最晚的《隋书》之中。

这五部史书中,三部由子继父业而成:《梁书》《陈书》——姚察、姚思廉;《北齐书》——李德林、李百药。一部出于史馆众家之手，是真正意义上的集体编著，那就是《隋书》。《隋书》的纪传部分由房玄龄监修，魏徵撰序，颜师古、孔颖达、许敬宗等撰纪传正文。十志部分，由于志宁等分修，参与工作的都是各方面的专家，如《天文》《律历》《五行》即均由星历专家、太史令李淳风撰成，《经籍志》由魏徵撰成。

八部正史中的另三部是《晋书》《南史》《北史》。

《南史》《北史》是李延寿在其父李大师旧稿基础上编成。《南史》写宋、齐、梁、陈四朝，《北史》叙后魏、北齐、北周、隋四朝史事，实是两部通史，体例仿太史公《史记》。

《晋书》的署名最为炫赫："唐太宗文皇帝御撰。"其实据说真正由他执笔的，仅《宣帝纪》《武帝纪》《陆机传》《王羲之传》四篇的"论"。但由于皇帝重视，编撰阵容强大，此书进展神速，三年时间一百三十卷的巨著即告完成，与其他几部史书的旷日持久甚至积两代人之力而后成，恰成对比。

唐史馆尤重当代史的修撰。参与此项工作本身是一种荣耀，故无不严肃认真。韩愈弟子李翱的一席话，颇有代表性：

臣等谬得秉笔史馆，以记录为职。夫劝善惩恶，

> 正言直笔,记圣朝功德,述忠贤事业,载奸佞丑行,以传无穷者,史官之任也。

他们修成的当代史,名为《实录》。据《新唐书·艺文志》载,从记述李渊的《高祖实录》到《武宗实录》,共二十五种,尚有小注云:"刘知幾以下不著录四百五十七卷。"有时一个皇帝有几种《实录》,如武则天就有《则天皇后实录》二十卷和《圣母神皇实录》十八卷。前者魏元忠、武三思、崔融等撰,刘知幾、吴兢删正,后者由宗秦客独力写成。有关唐玄宗的《实录》也有多种。武宗以后,由于政治混乱,这方面工作受到破坏,文献又严重散佚,大中(宣宗年号)以下的《实录》不见于书目载录。

《实录》修得好,皇帝便给予褒奖。如房玄龄、许敬宗、敬播修高祖、太宗《实录》成,制封玄龄一子为县男,赐物一千段;敬宗一子为高阳男,赐物七百段;敬播改授司议郎,赐物五百段;并降玺书褒美(《唐会要》)。这对修史官无疑是极大的鼓励。

若论唐人的史学成就,还应包括他们所写的多种野史笔记,如张鷟《朝野金载》、刘𫗧《隋唐嘉话》、刘肃《大唐新语》、李肇《国史补》《翰林志》、郑处海《明皇杂录》、李德裕

《次柳氏旧闻》、裴廷裕《东观奏记》、范摅《云溪友议》等，这些书中虽杂有许多传说故事，未免夸张失实，但也保留许多有价值的史料。另外唐人有优秀的史学论著，那就是刘知幾的《史通》；有新创的史体，如杜佑二百卷的巨著《通典》，即开创了影响深远的政书体或曰典志体。至于史馆中史官们的工作和命运，与整个唐朝历史的传承关系很大，对我们今天了解唐朝、认识唐朝有直接的影响。下面《制造大唐：唐史的编纂与传承》一文还有专门介绍。

余 音

疾风劲草:唐代的士风演变与时代迁易

一

　　唐承隋而来,它的第一批知识分子多是前朝遗老。隋末大儒文中子王通未能入唐,但他的弟弟王绩,在唐为官,卒于贞观十八年(644),与陈、隋旧臣虞世南、陈叔达、姚思廉以及北方文士颜师古、孔颖达等都是当时著名文人,并均以文优而入仕。不过他们的作风较多地反映旧时代,尚不足以代表新兴的唐代。

　　比较鲜明地具备唐风,因而可以视为唐知识分子早期代表的,要从王通之孙王勃算起。大体说来,初唐四杰王勃、杨炯、卢照邻、骆宾王,以及他们的同时代人崔融、沈佺期、宋之问、杜审言、李峤、苏味道等,才应该算是沐浴着初唐政治、文化风气成长起来的一代文士。在他们身上也才突出地表现了新一代知识分子的种种品质和人格特征。他们大多胸怀壮志,抱负远大,才气横溢而自视甚高。他们熟读诗书,满腹经纶,下笔千言,倚马可待,渴望获得从政的机会,实现治国平天下的理想。因此,他们普遍表现出汲汲于仕宦的特点。如果受到任用,他们便竭尽才智,恭谨黾勉地从事(如崔融、李峤);而如果受到冷落,也敢于铤而走险,拼死一搏(如骆宾王)。陈子昂是这批人中的佼佼者,也是士风由初唐向盛唐转变的中介和承上启下者。

陈子昂是一个虽然富有却世代居于西蜀乡间的"草茅微陋"之民。科举制度,特别是武则天执政时期往往对才识之士进行不次拔擢的做法,大大地刺激并鼓舞了陈子昂的从政热情。在他进士及第之初,就接连向朝廷上了《谏政理书》《谏灵驾入京书》。前者纵论古今,系统阐发以"安人"为中心和宗旨的政治主张;后者主张高宗尸体就地安葬于洛阳,明确反对当时几已成为定论的"灵驾由洛入京"之说。这样做显然是有相当风险的,特别是后者,万一触怒武则天,后果不堪设想。在这里,陈子昂表现了一种不仅在唐代而且在整个封建时代都得到推崇的犯颜直谏之风,而其动力则在于他"论道匡君""以公济天下"的政治抱负和取鸿名于千古的人生哲学。

为了实现理想,陈子昂青年时代就离开家乡,去长安、洛阳游学,参与考试,积极制造声誉。为官以后,他并不安于一般文职,一遇机会便请求从军出征。曾先后两次随大军出塞,参谋策划,献可替否,并饱尝军中苦辛。

史载陈子昂"貌柔野,少威仪",而且体弱多病,但他却并不是一个迂阔无用的书生。他秉承了父祖辈"瑰玮倜傥、以豪侠闻"的勃勃英气,从小就"奇杰过人""驰侠使气",并且终生"好施轻财""尤重交友之分,意气一合,虽白刃不可夺也"。他的世界观当然是以传统儒家学说为主体,但同时又杂有道家、阴阳术数家的成分,因此他思想作风的特点可以说是儒、侠、道兼而有之。从陈子昂的一生行事,确实可以看到初盛唐许多知识分子的共同特点。

这样的特点与初盛唐时代政治状况比较良好有密切关系。唐太宗、武则天乃至玄宗前期,李唐王朝各方面均处于上升态势,虽然各朝政治都不免有种种弊病,但用人、选士的门径较宽,士人们实现理想的机会较多,他们对国家、朝廷的期望值较高,因而愿意承担的义务和实际上所做的贡献也就较大。这种士风的形成,不但与高层的政治状况有关,也与下层民众拥护唐王朝的普遍心态有关,与民俗生活情景及其所蕴含的积极奋进的民族文化精神有关。

初盛唐时代的文士们大部分在政治上寻求发展,因为在当时这条路最宽阔,最易见效。但也有人另辟蹊径,取得很大成就,而所表现出来的文化精神则是与前一部分人相通的。例如宗教方面,有玄奘的十七载西土取经和此后近二十年的艰苦译经;有鉴真和尚顽强不屈的六次东渡,终于到达日本,传授戒法,成为该国律宗始祖;又有弘忍、神秀、慧能等高僧的开宗立派。道教方面,亦出现了张果、叶法善,以及亦道亦隐的司马承祯、吴筠等著名人物。又如,僧一行在天文学、孙思邈在医药学方面充分发挥自己的才能,均做出划时代的贡献。在史学领域,刘知幾不但亲自参与修史工作,而且纵观历代史学得失,写出我国第一部史学理论巨著《史通》。他的官位不高,并且屡受贬斥,却潜心于著述,以此实现了他的人生价值。至于仕途坎坷,或者终生未仕,却在文学艺术方面取得杰出成就的士子,就更是多不胜数。旧史学曾艳称所谓"盛唐气象"。从人,特别是广大士人的精神状态方面来考察,这种积极奋进、克服种种艰难险阻而在各自选定的领域中力攀高峰的风气,倒真可以说是盛唐所特有的气象。

二

当一种风气形成并深入人心以后,它便具有强大的惯性。士风的培养和建设,需要长期的努力。它的变化也要比政局和经济形势的变化缓慢得多。因此,唐代的士风并未因为历时八年的安史之乱已使李唐王朝从兴盛的巅峰猛跌下来而相应坠落。

于是我们便看到了在安史之乱中,有张巡、许远的坚守睢阳直至以身殉国;有颜杲卿、颜真卿兄弟的联兵河北抗击叛军以及杲卿的死节;后来在德宗建中末、兴元初(783—784),颜真卿又在宣谕叛镇李希烈时不屈被杀,而他们的所作所为则得到士林的普遍赞叹和崇仰。文士李翰为张巡作传,记述其英勇事迹,韩愈又作《张中丞传后叙》予以详细补充辨正。

我们还看到王伾、王叔文、刘禹锡、柳宗元等文士一旦执政便进行政治改革,力谋中兴,以及在改革失败之后,他们所承受的沉重打击,付出的巨大代价;看到元稹、白居易等人对改进朝政克服弊端的系统建议,以及由他们首倡的新乐府运动;还看到了韩愈排斥佛老、恢复儒家道统的努力，他上《谏迎佛骨表》的无畏与正气，以及"一封朝奏九重天，夕贬潮阳路八千"的严重后果。

以上许多事实说明，初盛唐以来逐渐形成的士风，其基本方面直到中唐乃至晚唐初期还是延续下来，当然如细加辨析，则在基本相同的前提下也发生了某些变异。

初盛唐士子的志向是建设一个强盛的帝国，时至中晚唐，这个理想便不得不降低标准，变成渴望中兴，重振祖威，乃至挽救日见衰颓的国运了。那些忧心国事的士人，不得不更多地批评时弊，揭露腐朽，鞭挞黑暗，而他们热情恺切的谏诤却愈来愈被漠视，被置之不理。于是洋溢于盛唐士人诗文作品中昂奋轩扬的豪迈情调和阳刚之美，渐渐地变成了悲愤的呼唤、悲怆的沉吟甚至是悲哀的哭泣。

但是在很长一段时间里，士人对于李唐中央政权的拥戴还是真诚的，对于李唐王室的向心力还非常强大。这可以从在各藩镇任职的文士的表现看出来。中唐以后，以河北三镇为首，表现出严重的分裂割据的倾向，朝廷无力制约，凡事只得听之任之。但身居各藩镇的许多文士却依然心向朝廷，或者对主帅进行规劝晓谕，或者暗中向朝廷通报情况，当发生兵变或动乱时，则更是旗帜鲜明地站在中央朝廷一边，站在维护统一、反对分裂一边。沈亚之写于元和十四年(819)的《旌故平卢军节士文》就详细地记载了一桩可歌可泣的典型事例。

平卢军节士,指隶属于平卢军的几位幕僚高铢、郭昈、郭航等。他们久在镇帅李师古、李师道辖下,深知二李拥兵自重、联络邻镇、随时准备背叛朝廷的图谋。起初他们正言相劝,希望师道能够率先"因经图以尽入其地,亲谒阙下",但不被采纳。高铢被杀,郭昈被囚,一关就是十年。后来朝廷决心削平淮蔡叛镇吴元济,李师道持观望态度,暗中与淮蔡通款。这时郭昈为了帮助王师,便以练缯书写密报,"陈叛兵者山川曲折之状",建议派奇兵三千渡海掩袭莱、淄。密报由其宗人郭航冒险送出。可惜王师无法核实这个密报的可靠性,怕中了李师道的奸计,未予采纳。郭航过了很久才回到平卢军中,随即被李师道召问,为不牵累郭昈,慨然自杀。直到朝廷相继平定吴元济、李师道之后,郭昈得到释放,才将事情的原委讲清楚。

时至中晚唐,变幻莫测的政治舞台上,允许士人们扮演的,大抵就是这种英勇悲壮而受苦受难的角色。这类角色虽然不再像初盛唐人那样意气风发,对未来充满信心,但他们的灵魂却是与前辈息息相通的。他们只能以时代所要求和允许的方式来提出和实现政治理想,来回答和解决现实摆在他们面前的种种难题。

这样,我们对于中晚唐士人格外尊重、格外提倡侠义之气,也就比较容易理解了。

士人们从来就在内心深处崇拜侠义之举。这里有一种心理上的补偿机制在起作用。而在时势动荡、大乱将成的社会,在法制毁坏、暴力横行的时代,侠义行为就更显出它独特的力量,因而受到正直文士特别的青睐。当李师道召问郭航,郭旿担心事机败露准备一死了之时,郭航慨然表示:"事觉,吾独死,君无患!"他的自杀就很带一点侠气。他之所以受到推重,原因也在于此。中晚唐时期颇为繁荣的传奇小说,也清楚地表现出这种倾向。牛肃的《吴保安传》、李朝威的《柳毅传》、沈亚之的《冯燕传》,还有李公佐的《谢小娥传》,杜光庭的《虬髯客传》和著名的聂隐娘、红线故事等,其情节、人物各异,但核心都只在宣扬"侠义"二字。如此众多的作品在主题上的殊途同归,正透露了中晚唐时期士风对前代的继承和经演变而产生的新特征。

三

考察晚唐至唐末的士风,我们不难发现其多方面的变化。

知识分子的敏感和脆弱，使他们被一种末日临近感所笼罩。李商隐的两联诗最典型地表达了这种颓丧情绪。一联是"夕阳无限好，只是近黄昏"（《登乐游原》），一联是"运去不逢青海马，力穷难拔蜀山蛇"（《咏史》）。诗人倾吐了无力挽救江河日下的国运的悲哀和苦恼。前辈赞颂大唐如日中天的煌煌事业的热情已一扫而光，甚至连中兴也成为一场幻梦，他们已经在内心深处为唐王朝奏响了挽歌。他们已不再期望李唐君主中会出现一个唐太宗式的人物，所以也就不再像白居易写《新乐府》诗时，以这位开国圣皇为楷模来要求当世君主。他们常常想起的倒是陈后主、隋炀帝这些亡国之君，担心的是当今皇帝不幸步了他们的后尘。

　　对于自身的命运，他们也丧失了前人似的自信。虽然他们仍在应举求仕，但"申管晏之谈，谋帝王之术，奋其智能，愿为辅弼。使寰区大定，海县清一"（李白《代寿山答孟少府移文书》）和"致君尧舜上，再使风俗淳"（杜甫《奉赠韦左丞丈二十二韵》）之类的豪言壮语却说不出来了。既然如此，独善其身、隐逸韬晦者便增多起来。而随着朝廷的进一步恶化，士风更出现了另一种重大变化，即对朝廷的向心力日见其弱，而离心力却日见其强，并且终于导致了知识分子纷纷逃离政治中心，以求全身避祸的现象。

在封建大一统的王朝统治下，文士们本不会轻易改变对一个王朝的忠诚和依附，除非他们对这个王朝确实灰心失望到了极点。因此，大批文士摆脱常轨，离唐而去，既是由唐王朝的衰朽没落所造成，又是唐王朝的政治凝聚力大大丧失，其统治即将土崩瓦解的征兆和标志。时代的迁易促使了士风的变化，反之，士风的变化也构成了时代迁易的一个重要侧面。

司空图无疑是大唐的忠臣。朱温篡唐，哀帝遇弑，他乃"不食而卒"。可是司空图也是唐末较早主动辞官并屡次谢绝重出的重要官员。广明元年(880)冬，黄巢起义军攻入长安，他正在朝任礼部郎中之职，皇帝连夜悄悄溜走，他和不少官员一样"扈从不及"，便"间关至河中"，好不容易逃回老家中条山王官谷。这一次他还没有决心隐遁。光启元年(885)，僖宗自蜀还京，他接受了中书舍人的任命。但不久因李克用军逼京师，僖宗再次出逃，司空图再次"扈从不及"，返归王官谷，他终于彻底心灰意冷了。等到唐昭宗上台，他便拒绝出仕。史载：龙纪初(889)，复拜(司空图)旧官，以疾解。景福中(893)，拜谏议大夫，不赴。后再以户部侍郎召，身谢阙下，数日即引去。昭宗乾宁

(896—897)间,召拜兵部侍郎,以足疾固自乞。会迁洛阳(904),柳璨希贼臣意,诛天下才望,助丧王室,召图入朝,图阳坠笏,趣意野耄。璨知无意于世,乃听还。司空图的辞官退隐可谓坚定不移。

风雨飘摇的唐王朝在弑君和权奸统治下,已成为正直之士的死地。天祐二年(905)五月,宰相柳璨伙同凶焰万丈的梁王朱全忠贬逐大批朝士,连宰相独孤损、裴枢、崔远也在所不免。随后便发生了"白马之祸":"全忠聚(裴)枢等及朝士贬官者三十余人于白马驿,一夕尽杀之,投尸于河。"当时唆使朱全忠做出此举的谋士李振,是一个不第举人,他说:"此辈常自谓清流,宜投之黄河,使为浊流!"其凶残冷酷简直令人发指。倘若韩偓不是及时逃走,恐怕很难幸免于难。如此朝廷,当然只能如司马光《资治通鉴》所记述的那样:"时,士大夫避乱,多不入朝。"

唐代士风演变到这一步,实际上也集中地反映了当时百姓的心理和政治倾向,士风与世风在对待李唐王朝的态度上,是完全一致的。唐末著名诗人罗隐屡试不中第,但为宰相郑畋、李蔚所知,留居长安,曾上疏言事,未被采纳。"已而遇罗尊者,以相术劝隐曰:'君志在一第,官不过簿尉耳。若能罢举,东归霸国,富贵必矣。'"这位罗尊者的意思很明白:只有远离朝廷,才有出路。他以相术规劝罗隐的目的就是要他远走高飞。这是黄巢起义前的事,后来罗隐辗转回到家乡——钱镠统治下的吴越,果然受到善待。

这则极富民间传说性质的史料,不是很清楚地说明了在对李唐王朝已绝望这一点上,士心和民心是完全相通的吗?当文化人和百姓大都认为一个政权已必亡无疑并采取实际行动弃它而去的时候,这个政权的末日也就真是屈指可数了。

大批文士对于他们祖辈曾衷心拥戴过的李唐政权,表现出不可逆转的离心倾向,这可以说是晚唐、唐末士风最显著的特征,也是其与前此士风最根本的区别所在。透过这个文化现象,我们或许可以获得观察和把握唐代历史的一个新角度。

制造大唐:唐史的编纂与传承

一、从《起居注》到《国史》

  唐朝从建立(618)到灭亡(907),连头带尾 290 年,算起来距今已经有一千多年之久。但是,我们今天对于唐朝,还是有相当多的了解,多多少少知道一些唐朝的人和事,我们是怎么做到这一点的呢?

  除了世世代代口头传承,一个重要的原因是我们多多少少都读过一些唐诗或者唐文,那是唐人的作品,它们产生于那个遥远的时代,能够帮助我们了解一些那个时代的人和事。

  可是,要真正读懂唐诗、唐文,其实并不容易,总得知道一些有关的历史背景才行。那么,怎样才能了解唐朝的历史呢? 说到这个问题,也许连小学生都会回答:"我们有历史教科书呀。"

对呀,教科书上都有呢。可是,请问:历史教科书上讲到的那些人和事,又是根据了什么呢?

不是有二十四史吗?

没错! 二十四史里有《旧唐书》《新唐书》两部唐史,提供了唐朝许多人物和事件的材料。但这两部书并不是唐朝生活的即时记录,而是后来人编写的。那些编写唐史的人,又是凭借什么来写的呢?

这样一步步追问下去,实际上就是在追究历史书的"史源",就不能一步步追到唐人当时所做的记录,追到当时那些担任记录史料的人和他们所从事的工作了。

原来,中国自古就有重视历史记载的传统。早在周代,即公元前十一至前五世纪之间,政府里就已经设置了"史"这样一种官职。根据《周礼·春官》记载,那时有大史、小史、内史、外史等官名,他们在当时是参与若干朝政的要职,而专以藏书、读书、作书为务。须知那个时代,有文化,能够懂书管书,通达天文地理、四时节令、历算卜筮乃至内政外交诸种礼仪的人才,是不可多得的。把一切文书录副备份和记录史事（主要是王之言行）只是其职责的一小部分。后世的史官，却慢慢变得仅负责这一部分了。

朝廷设置史官，各诸侯国也都有自己的史官和编写的历史。孟子说："王者之迹熄而诗亡，诗亡然后《春秋》作。晋之《乘》，楚之《梼杌》，鲁之《春秋》，一也：其事则齐桓、晋文，其文则史。"（《孟子·离娄下》）这里提到的《乘》《梼杌》和《春秋》一样，就是春秋时代各国史官记撰的史书。到魏晋时，就正式设立了史馆——安置史官和执掌编纂史书工作的国家机关。那时，史官的职权范围已逐步向著述集中，但政事的谏诤和各种礼仪的咨询，仍是史官可以参与的事务。唐朝继承这个传统，而又进一步发展，其时史官的工作更加专业化，渐趋于单一了。

唐朝的史馆，开始仍是在秘书省设立著作局，官员的名称就叫著作郎。后来改称史馆，办公地点也搬到了禁中，属于中书省的史官叫起居郎，属于门下省的史官叫起居舍人。他们的专职是每当朝会，就拿着笔站在靠近皇帝的螭头柱下，记录皇帝和朝臣们的谈话。有时散了朝，皇帝和宰相继续讨论国政，他们也可旁听，并做记录。这些文字犹如古时"左史记言，右史记事"一般，记录君王的言行，名为《起居注》，每天都得汇总，经过整理，按时呈报史馆。这时候的史官,职责主要是记录,也许不妨称为"记录的史官"。

《起居注》是以国家最高统治者皇帝的言行举止为核心的第一手史料,是此后史官进行编纂的基本依据,其重要性自是不言而喻。不过,这种记录不可能很完整周全,毕竟起居郎掌握不了所有的情况。有时皇帝、宰相不允许他们参与十分机密的谈话。为了弥补缺陷,于是产生了由宰相亲自记录整理后交付史馆的大事记录,称为《时政记》。但这种记录必定是时断时续的——有的宰相并不积极这样做,有的被视为高度甚至绝对机密的事则不能记录,史官当然也就无从知晓。

但无论如何,起居郎、起居舍人和宰相对时事的记录,《起居注》、《时政记》(玄宗朝还有一种由亲王记录皇帝日常生活的《内起居注》,德宗至敬宗朝还有女官宋尚宫姐妹记录后宫生活的《内起居注》)毕竟都是重要的第一手史料。安史之乱前,唐朝积累了大量这样的史料,可惜一场战火,这些宝贵的史料竟大部分被焚毁。唐肃宗时,史官于休烈上奏说:"《国史》一百六卷,《开元实录》四十七卷,起居注并余书三千六百八十二卷,并在兴庆宫史馆。京城陷贼后,皆被焚烧。且《国史》《实录》,圣朝大典,修撰多时,今并无本。"由此我们知道,史馆主体设在大内,靠近中书省,但兴庆宫也有史馆的分部,所存应是复本或备份,而经过安史之乱,不但大内史馆遭毁,连兴庆宫所藏也全都被焚。于是,于休烈建议:"下御史台推勘史馆所由,令府县招访。有人别收得《国史》《实录》,如送官司,重加购赏。若是史官收得,仍赦其罪。得一部超授官资,得一卷赏绢一匹。"即一是要动用法律,追查责任;二是高悬赏格,征求遗稿。肃宗批准了此议,可是战乱未平,实际收效甚微,"数月之内,唯得一两卷"。后来还是前修史官韦述,把逃难时藏于南山的《国史》一百一十三卷献出,才让恢复业务的史官有了工作的基础。

史官编撰史书,仅靠《起居注》《时政记》当然是不够的,还需要更广阔的史料来源。根据《唐会要》卷六三《诸司应送史馆事例》的记载,当时国家有制度,各政府部门须定期向史馆报送种种相关材料:

祥瑞:礼部每季具录送。

天文祥异:太史每季并所占候祥验同报(唐设太史局以观天象时变)。

藩国朝贡:每使至,鸿胪勘问土地、风俗、衣服、贡献、道里远近,并其主名字报。

藩夷入寇及来降：表状，中书录状报。露布，兵部录报。军还日，军将具录陷破城堡，伤杀吏人，掠掳畜产，并报。

变改音律及新造曲调：太常寺具所由及乐词报。

州县废置及孝义旌表：户部有即报。

法令变改，断狱新议：刑部有即报。

有年及饥并水旱虫霜风雹及地震、流水泛溢：户部及州县每有即勘其年月日，及赈贷存恤同报。

诸色封建：司府勘报，袭封者不在报限。

京诸司长官及刺史、都督护、行军大总管、副总管除授：并录制词，文官吏部送，武官兵部送。

刺史、县令善政异迹：有灼然者，本州录附考使送。

硕学异能、高人逸士、义夫节妇：州县有此色，不限官品，勘知的实，每年录附考使送。

京诸司长官薨卒：本司责由历状迹送。

刺史、都督、都护及行军副大总管已下薨：本州本军责由历状，附便使送。

公主、百官定谥：考绩录行状、谥议同送。

诸王来朝：宗正寺勘报。

已上事，并依本条所由，有即勘报史馆，修入国史。如史馆访知事由，堪入史者，虽不与前件色同，亦任直牒索。承牒之处，即依状勘，并限一月内报。

上列十六条，显示了史馆资料的来源实际上存在一个很大的网络，涉及朝廷各省各部，也涉及地方各州县乃至级别更低的乡镇。人员上，向上涉及皇亲国戚、达官大僚，向下也顾及乡市居民各色人等。史馆除广收各地各部门呈送的材料，还有调查权，可以主动到各地各单位索取搜集需要的材料。

从上列诸条，也就大致能够看出唐朝史馆要编撰的历史包括哪些内容。这些内容除了与王朝仪典、国策政事、官员任免、天文祥瑞、经济生产、财税运输、外交军事、科举学校，以及同社会民生有关的种种事务，还包括封建时代十分重视的礼仪、民俗、文教、音艺等方面，范围之大可谓无所不包。

从原始史料到正式史书，有一个相当复杂的加工编撰过程。概括而言，其过程是：起居注、时政记→日历→实录→国史。如果说《起居注》《时政记》的性质主要是记录，那么此后的工作就需要更多地发挥史官的编撰才能，既考验他们的政治立场、伦理观念，也将测试他们的创造能力，特别是写作才能了。不言而喻，史官的思想和才具不同，根据大体相同的材料编撰出来的史书，很可能是颇不一样的。因此，只有到了能够更多发挥创作个性的《国史》阶段，才被视为"一家之言"，也就是由史家创作的真正的历史著作。

从形式上看，所谓《日历》，是按时日次序排比史事，属于编年体的史册。《实录》则是以皇帝或朝代为单位的编年史，一般于皇帝死后，由继位者下令编撰。与《起居注》不同，《日历》，尤其是《实录》，与未来的《国史》已比较接近。此时史官的职责就不单是记录，其主观意识的参与程度显著增加。选择哪些事项写入？舍弃哪些内容？写入的内容采用怎样的表述方式和褒贬态度？如何修辞，如何笔削，把握怎样的尺度与分寸？这些在皇家、群臣和史官看来，都将影响千秋万代，一点儿也马虎不得。所以，到编撰《实录》《国史》的阶段，往往指派当朝宰相监修。即使如此，修成之后，还要在相关官员中广泛传阅，搜集意见，最后呈报皇帝御览。其间往往会退修若干回，反复斟酌，有时甚至引起朝臣间的争论，如果僵持不下，甚至只得暂时搁置或推翻重来。

古代中国历史，由国家编撰发布的史书称为"正史"，这种正史基本上是两种体裁，其一是编年体。古时的《春秋》和宋人司马光编撰的《资治通鉴》就是最著名的编年体史书。不过,习惯上更受重视的正史,还是司马迁开创的纪传体史书。上面提到的《实录》是编年体,而《国史》则是经过史官重新编写的纪传体史书,创作的意味加浓,对史官的才识也有更高的要求。

纪传体史书由本纪、列传、表志等部分组成。本纪以本朝皇位递嬗为次,以每个皇帝的《实录》为依据,按年月日次序简洁地记载国政大事,基本上不作具体详细的描述,犹如今人所谓的"大事记",因此本纪的篇幅往往不长。以《旧唐书》为例,在位时间短的,如高祖李渊、肃宗李亨、代宗李豫、穆宗李恒,包括女皇武则天,每人本纪仅一卷,太宗李世民、高宗李治、玄宗李隆基、德宗李适在位时间较长,每人两卷,其余诸帝都是二人合成一卷,总计 20 卷。《史记》原有的《世家》部分,在后来史书中取消,部分内容并入列传。列传的材料来源于朝廷各部的档案,以及私人呈报的材料,从《行状》、《碑志》到《谱录》等。《旧唐书》的列传数量颇大,全书 200 卷,列传占了四分之三,其中以列朝诸臣纪传为多(108 卷,有的一卷著录一家几代或同类型者数人),其余多标明为某类人的合传,如后妃、宗室、外戚、宦官、良吏、酷吏、儒学、文苑、方伎、列女以及外国(突厥、吐蕃)等传，每篇所传人数更多。《旧唐书》没有"表"，但有作为专门史的"志"，包括礼仪、音乐、天文、地理、职官、经籍、食货、刑法等，共30卷。

历来都是后继的朝代编写前朝历史，《旧唐书》就是唐亡后由五代后晋人编撰的。《新唐书》的编撰更晚，已是宋朝的事。但无论后晋人，还是宋人，编撰唐史总离不开唐人留下的史料——上面提到的唐人所著《起居注》《时政记》《日历》《实录》《国史》，从最早着手的《起居注》到最后完成的《国史》，就都成了后来人编撰史书的资料来源。可以说，后人编撰前朝历史，离不开前朝史官的辛勤劳作和积累，编史工作犹如赛跑、游泳之接力，是一个长久持续连绵不断的工程。可惜的是，晚唐政局混乱，史馆工作不正常，宣宗大中朝及其后诸朝的《起居注》等史料本来就凌乱不全，到唐末战乱，之前所存史料更遭严重毁坏。所以后晋人欲著唐史，不得不从重新搜集史料开始。

二、几位著名的史官

下面说几位唐代著名史官的故事。看看他们的生平业绩、甘苦和命运，也借此稍稍具体地了解一些唐史的编撰过程。

我们的介绍主要根据两《唐书》，两《唐书》均有专为史官们设立的传记，但其分合、编排亦略有区别。介绍大体按时代先后为次，而略有变通。第一位是盛唐时期的刘知幾。

刘知幾，其本传见《旧唐书》卷一〇二、《新唐书》卷一三二。他的本名是知幾，字子玄。但"以玄宗讳嫌，故以字行"。唐玄宗名隆基，知幾的幾与基音近，按唐时规矩要避"嫌名"——就像李贺父亲名晋肃，发音与"进士"相近，有人就硬说李贺不能参加进士考试，否则就是"犯父讳"，大不孝（参韩愈《讳辩》）。不过，避讳是当时的事，后世仍是习惯称呼刘知幾的本名。

根据史载推算，刘知幾的生卒年，应是唐高宗龙朔元年（661）至玄宗开元九年（721），享年约六十一岁，在唐代算不得高龄。

刘知幾幼时即对史学产生浓厚兴趣，并表现出超凡的史才，和哥哥知柔都早有文名。进士及第后，他曾任获嘉主簿，于武后长安中"累迁左史，兼修国史。擢拜凤阁舍人，修史如故。景龙初，再转太子中允，依旧修国史"。唐朝官制，担任各种职务的人都有可能兼史馆修撰。其官位和品级可以升迁变化，比如刘知幾从开始担任史官到开元初,官位已升至从三品的左散骑常侍,但一直"修史如故",著述是他的主业,这正好也是他的志愿。《旧唐书·刘知幾传》总结其一生云:"自幼及长,述作不倦,朝有论著,必居其职。预修《三教珠英》《文馆词林》《姓族系录》,论《孝经》非郑玄注,《老子》无河上公注,修《唐书》《实录》,皆行于代。有集三十卷。"

作为史官,刘知幾的主要成果《高宗实录》《武后实录》《睿宗实录》等,属于从《起居注》到《国史》系列的中间产品,是后人编撰正史的史料和文本依据。这些都是他的职务写作,所以别的史官可以奉命加以修改或重写,而无须尊重他的著作权,他对别的史官也一样。在史馆中,他实际上颇受束缚和压抑。景龙二年(708),他本在东都洛阳史馆修史,被人告状,说他不干公务,私自写自己的著作。于是调回长安,置于宰相监督之下,受到频频检查催促。此时监修国史的宰相特多,有侍中韦巨源、纪处讷、中书令杨再思,还有兵部侍郎宗楚客、中书侍郎萧至忠等人,指挥多头,所谓"十羊九牧"。刘知幾深感困扰,不能忍受,干脆递上《辞职书》,摆出五大理由:一、集体编著,无人肯真出力;二、史料搜集渠道不畅;三、史馆保密差,史稿外流,人言可畏;四、监修者太多,意见相互矛盾,令人无所适从;

五、监修者没有章程,胡乱指挥,执笔者只能徒耗岁月。这份《辞职书》言辞直率,态度强硬,送上去后反响可想而知。"至忠惜其才,不许解史职。宗楚客嫉其正直,谓诸史官曰:'此人作书如是,欲置我于何地也!'"(据《唐会要》卷六四,两《唐书》所载内容相同,文字稍简。)只因刘知幾资格够老,声誉甚高,宰相只能做到不准他辞职,别的尚奈何他不得。

刘知幾真正的个人著作是《史通》二十卷、《刘氏家史》十五卷和《(刘氏)谱考》三卷,以《史通》最为重要。

《史通》是一部"备论史策之体""讥评今古"的史学理论著作。全书四十九篇,分内、外两部分,以对中国史学史的综览为基础,系统总结唐前史学,论述史学的性质、史书的种类、范围、结构、体例、编撰原则、叙事的方法技巧、文字要求,以及为史者的品格和行为规范等基本问题,并对各类史著(直至小说笔记)的代表作作了分类和批评。这是中国乃至世界首部自创理论体系的史论著作。由于史学与文学历来的亲密关系,《史通》又被视为一部堪与刘勰《文心雕龙》并肩的文论著作,受到后代文论家的普遍重视。

不过,刘知幾本人却有重史轻文的倾向,认为"史有三长:才、学、识,世罕兼之",他自己愿为史家,而不想做个文人，所谓"耻以文士得名，期以述者自命"。认为史著最要紧的是"直笔""实录"，文字须"尚简""用晦"，因此文学色彩（如华词丽藻和繁复描写之类）并非优点，而是一种需要克服的弊病。这当然有其理由，但亦不免有失偏颇。

关键是他之专心史学，还有更高远的理想，他在《史通·自叙》中说："《史通》之为书也，盖伤当时载笔之士，其义不纯，思欲辨其指归，殚其体统。夫其书虽以史为主，而余波所及，上穷王道，下掞人伦，总括万殊，包吞千有。自《法言》以降，迄于《文心》而往，固以纳诸胸中，曾不蒂芥者矣。"原来他并不仅仅满足于记录历史，还要以扬雄《法言》、刘勰《文心雕龙》为追慕对象，"上穷王道，下掞人伦，总括万殊，包吞千有"呢！这才是一个真正杰出史家的心胸！与刘知几同时的史家兼学问家徐坚读《史通》后，至为钦服，叹曰："居史职者，宜置此座右也！"刘知几死后，唐玄宗派人到他家取来《史通》，"读而善之，追赠汲郡太守，寻又赠工部尚书，谥曰文"。——也许这是唐玄宗对几年前怒贬刘知几而致其速死的一点补偿？开元九年（721），刘知几长子刘贶在太乐令任上得罪，做父亲的到宰相那里辩说了几句，皇帝得知此事，竟然大怒，不由分说，立刻将刘知几直贬安州别驾。知几含冤去到安州（今湖北安陆），没几天就病故了。身后的追赠对逝者又有何用！

刘知幾的几个儿子俱能继承父业。长子刘贶后来也曾担任起居郎，修国史。次子刘餗以右补阙、集贤殿学士，兼知史官，著有《史例》、《国朝传记》（又名《国史异纂》）各三卷。今所传《隋唐嘉话》，作者署名刘餗，研究者认为即是《传记》的另名（参程毅中《隋唐嘉话点校说明》，中华书局，1979）。四子刘秩，虽未任史官，但著有《政典》《止戈记》《至德新议》等书，皆属史籍。《政典》一书是典章制度的专史，后来杜佑作《通典》，就是受了它的启发，并以此书内容为基础的。刘贶次子即刘知幾之孙刘浃，亦曾为起居郎，人称"有祖风"云。古来为史者颇多家世相传，如汉之司马谈、司马迁父子，唐之刘知幾家也有父子孙三代相承之雅。

第二位吴兢。两《唐书》均有传，名列刘知幾之后。他的生卒年是高宗咸亨元年至玄宗天宝八载（670—749）。其乡贯为汴州浚仪（今河南开封）。他的史才很早被发现，受到大臣魏元忠、朱敬则的青睐，由他们荐为史官，从地位较低的直史馆做起，参修国史，做了三十多年史官。开元十七年（729）起，外放为州司马和刺史，最后做到邺郡太守，获封子爵（襄垣县子）。但就吴兢本人的意愿，他是更钟情于史学的。

他曾与韦承庆、崔融、刘知幾合作撰《则天实录》《中宗实录》《睿宗实录》和国史《唐书》，在史馆的地位渐趋重要。即使在回乡守丧期间，也未停止工作，甚至在外出任职时，也是修史不辍。他任荆州司马时，获得特殊批准，把《国史》的稿子带到任所去继续撰写，后来监修的宰相收到他完成的国史《唐书》六十五卷，认为叙事简要，给予好评。他还"尝以梁、陈、齐、周、隋五代史繁杂，乃别撰梁、齐、周史各十卷，陈史五卷，隋史二十卷"，辛勤笔耕，直到老年，不肯歇笔。他死后，其子进奉了他写的《唐史》八十余卷。可见他著述的热情与毅力。可惜，他的史著今已全部佚失，在如今可见的诸帝本纪中，也都经他人修改，无法辨别哪些是从他所写的《国史》中采入的——当然，这不是他一个人的情况。现行正史都是后代史官的集体撰著，前人的劳绩和成果大量融入其中，很难一一辨明它们的原初作者。

所幸他在《太宗实录》之外，曾采录太宗与群臣问答之语，编为《贞观政要》（一名《贞观故事》），此书一直流传至今，对于了解太宗朝的政治情况颇有参考价值。奇怪的是，此书的记载与《旧唐书》的相关叙述常有大体相符而细节不合之处。这也是历代各类史书之间多见的现象，可供后人比较研究。

吴兢为人耿直，坚持原则。他与刘知幾合撰的《则天实录》记述一事，谓则天男宠张昌宗曾诱张说诬证魏元忠有不顺之言，说已许之，幸赖宋璟再三劝阻，说始未有言。后来张说做了宰相，负责监修国史，看到这一段，很不乐意，明知是吴兢所为，却故意把责任归于已故的刘知幾，埋怨说："这个老刘，太不给面子！"谁知恰在旁边的吴兢立刻站起来，正色道："这一段是鄙人所写，书稿具在。我得讲清楚，免得让您冤枉死者！"周围的同僚听到吴兢直愣愣地顶撞宰相，都很吃惊。后来张说背地里多次要求吴兢在书中删掉这段记载，吴兢坚决拒绝。他回答张说："如果我按您意思改了，这个国史就不是直笔，何以取信于后？"张说的要求就这样被顶了回去。此事流传开去，吴兢获得"今之董狐"的称誉。

吴兢的后人，也多史官。他的外孙蒋乂，从小跟他读书，受他培养，至德宗贞元时，也成了一位著名史官。蒋乂及其子蒋系、蒋伸、蒋偕，系子兆，"三世踵修国史，世称良笔，咸云'蒋氏日历'，天下多藏焉"（《新唐书·蒋乂传》）。

第三位韦述。韦述（？—757），两《唐书》有传。他出身于著名的京兆韦氏，也是个早慧而又读书勤奋的史才。其表舅元行冲是当时著名大儒，惊奇于他年幼学富，赞叹道："此吾外家之宝也！"老诗人宋之问与之交谈后，将他誉为司马迁、班固一般的人物。开元年间，他被招入秘阁，参与"详录四部书"之事，编成200卷的《总目》。这项工作大大拓宽了他的阅读范围。张说为中书令并主持集贤院时，引其为直学士，迁起居舍人，与张九龄、许景先、袁晖、赵冬曦、王翰等为共事的同僚。开元十八年(730)起，兼史官事，官位逐步升迁。到天宝九载(750)升至尚书工部侍郎(正四品下)，还封了个方城县侯。但实际上他始终没有离开过史职。他的年辈虽比吴兢晚，但在撰史能力方面却似更强。《旧唐书·韦述传》载："国史自令狐德棻至于吴兢，虽累有修撰，竟未成一家之言。至述始定类例，补遗续阙，勒成《国史》一百一十三卷，并《史例》一卷，事简而记详，雅有良史之才，兰陵萧颖士以为谯周、陈寿之流。"《新唐书·韦述传》的叙述与之一致，但语气似更强："初，令狐德棻、吴兢等撰武德以来国史，皆不能成。述因二家参以后事，遂分《纪》《传》，又为《例》一篇。……逮成，文约事详，萧颖士以为谯周、陈寿之流。"萧颖士是当时著名文士，古文运动的先驱，以心高气傲、不轻许人著称。陈寿是晋时的史家,《三国志》的作者;谯周则是陈寿的老师,著有《古史考》。二位都是著名前辈,史界巨擘。萧颖士把韦述与他们师徒俩相提并论,足见他的敬佩之情。

韦述还是一个藏书家,"家聚书二万卷,皆自校定铅椠,虽御府不逮也。兼古今朝臣图,历代知名人画,魏晋已来草隶真迹数百卷,古碑、古器、药方、格式、钱谱、玺谱之类,当代名公尺题,无不毕备"。史学包罗万象,这些文物都是作为史家所需要的。

不幸的是,他遇上了安史之乱。两京陷落,玄宗逃往西蜀,撇下群臣百姓,听任乱军蹂躏。韦述一介书生,只有逃难避乱。仓促之中,他顾不上家产细软,只抱着辛苦撰成的《国史》,躲进了终南山中,其余"经籍资产,焚剽殆尽"。

更不幸的是,他竟被安史乱军捉住,"陷于贼庭,授伪官"。等到唐军收复长安,他已戴上了"从逆"的罪名。经过审判,"三司议罪,流于渝州",也就是流放渝州(今重庆)。安史之乱是唐代文人大劫,李白从璘获罪,长流夜郎;储光羲舍命逃赴灵武,被下大牢;郑虔陷贼被授伪职,事后贬逐台州。韦述则是流放西南。流放倒也罢了,只要不死,也许能够熬到大赦的一天。韦述却是不幸之上更加不幸,他去到渝州之后,遇上了一位心怀歹意的刺史,遂

"为刺史薛舒困辱,不食而卒"——当年曾在长安意气风发的陈子昂,一旦从长安返回家乡射洪,小小的县令段简就足以置他于死地。现在韦述戴罪流落于举目无亲的渝州,遇上比县令位高权大且冷酷无情的刺史,岂不更是死路一条?"不食而卒"应算自杀,可如不遭辱受逼,又怎会轻生?几年以后,韦述的外甥萧直代他申诉,以仓皇逃难之际不忘保护《国史》之功,抵消被授伪职之罪,朝廷总算开恩,赠了个右散骑常侍的空衔给韦述。

韦述的著述甚多,据载有《唐职仪》《高宗实录》《御史台记》《两京新记》等,凡200余卷,都散佚了。我们虽无从读其书,但想见其遭际,还是不免感慨万分。

第四位韩愈。韩愈(768—824),在年辈上比上述诸位晚些,却因古文运动而在文学史上大名鼎鼎。我们在这里讲到他,因为他的宦历上,也曾有担任史官的一页,而且还罕见地留下了五卷《顺宗实录》。这是至今可见的唯一一份唐人所写的《实录》文本,使我们可以借以略窥实录体史料之面貌。

《顺宗实录》因是史著,在李汉为韩愈编的文集中没有收入。宋人编注的《昌黎先生集》将此文列于外集,清编《全唐文》收其于韩愈名下,近人马其昶《韩昌黎文集校注》

按惯例将其置于外集。

关于《顺宗实录》在历史上有一段公案。《旧唐书·韩愈传》这样说："时谓愈有史笔,及撰《顺宗实录》,繁简不当,叙事拙于取舍,颇为当代所非。"这是怎么回事呢,韩愈的手笔竟然不合格吗?

原来,《顺宗实录》最早由韦处厚撰成,仅三卷,比较简略。元和八年(813),韩愈被任史官,奉命与沈传师等合作重修,宰相李吉甫监修。两年后,重修的五卷本完成,由韩愈具衔进呈。但就是这部《实录》,引起议论纷纷。宫中有人对这部《实录》非常不满。原来韩愈在其中记录了一些宦官违法弄权害民之事,中唐以后,宦官权势日重,对此十分恼火,在宪宗前申诉不已。还有人说韩愈在贞元、永贞年间宦途不顺,故对这段历史记载不能持正。于是,从宪宗元和末到文宗开成中(820—837),历任皇帝都曾下诏修改《顺宗实录》。然而,究竟如何修改,意见也很分歧,结果问题长期悬而不决,一直拖到宪宗去世,后撰的《宪宗实录》都已完成,《顺宗实录》都未能定稿,到宋人司马光编著《资治通鉴》时,他还看到了好几种不同版本的《顺宗实录》。

我们现在能够看到的,是保存在《韩昌黎文集》中的

《顺宗实录》。试举两段,以窥一斑:

> 旧事:宫中有要市外物,令官吏主之,与人为市,随给其直。贞元末,以宦者为使,抑买人物,稍不如本估。末年不复行文书,置"白望"数百人于两市并要闹坊,阅人所卖物,但称"宫市",即敛手付与,真伪不复可辨,无敢问所从来、其论价之高下者。率用百钱物买人直数千钱物,仍索进奉门户并脚价钱。将物诣市,至有空手而归者。名为"宫市",而实夺之。……上(指顺宗)初登位,禁之;至大赦,又明禁。

> 贞元末,五坊小儿张捕鸟雀于闾里,皆为暴横以取钱物。至有张罗网于门,不许出入者。或有张井上者,使不得汲水,近之,辄曰:"汝惊供奉鸟雀。"痛殴之。出钱物求谢,乃去。或相聚饮食于肆,醉饱而去,卖者或不知,就索其直,多被殴骂。或时留蛇一囊为质,曰:"此蛇所以致鸟雀而捕之者,今留付汝,幸善饲之,勿令饥渴。"卖者愧谢求哀,乃携而去。上(指顺宗)在东宫时则知其弊,常欲奏禁之。至即位,遂推而行之。人情大悦。

这两段叙事,文学性都比较强。记录今事(顺宗对官市和五坊小儿的行为进行了一些限制)仅一句话,非常简单,却为此大肆回顾往昔,写得详细鲜活,在赞美皇帝的名义下,揭发了大小宦官的流氓强盗行为。韩愈《顺宗实录》颇多此类春秋笔法,难怪被揭露嘲讽的对象恼火忿恨,攻击他"繁简不当,叙事拙于取舍",而正直朝官却大都赞赏。不过,我们看今传正史中的《顺宗本纪》,韩愈所写内容基本删尽。可见当时反对意见还是占了上风,也可见正史与《实录》的距离有多大。

我们且不多论正史的真实性,单说韩愈。从这里,倒也可看出他确是一个性情中人,有正义感,有政治激情,才气又大,一时冲动,尖刻锋利的话就会脱口而出。像他"谏佛骨",明明是对皇帝一片忠恳,却说出"东汉奉佛之后,帝王咸致夭促"这样在宪宗听来简直是指桑骂槐、大逆不道的话来。而被贬潮州后,为了乞求皇恩又不惜匍匐在地,大呼:"怀痛穷天,死不闭目!瞻望宸极,魂神飞去。伏惟陛下,天地父母,哀而怜之。"当然,说这番话,悔恨有之,认罪有之,策略亦有之,效果果然不错。

韩愈性格的这一侧面,在他的《答刘秀才论史书》中也充分表现出来。韩愈当了史官,刘秀才祝贺他,并希望他

有所成就。谁知韩愈竟断然拒绝,在回信中列举一大批史官倒霉的实例后,告诉他:

> 夫为史者,不有人祸,则有天刑,岂可不畏惧而轻为之哉!

也就是说,当史官天刑人祸,无可避免,总之是必然倒霉,谁敢去干呢! 这真可谓把话说绝了。而后又自我转圜,冠冕堂皇地说什么大唐圣君贤相,史馆人才济济,自有人为之记纂,自己无能,还是避祸为上。韩愈就是这样会说话,哪怕强词夺理,哪怕夸大得没边没涯,也让人觉得有味道有意思。其实,这封信里的情绪很可能与《顺宗实录》挨批有关,满腹牢骚,借题发挥而已,只有像柳宗元那样的实诚人才会把它当真,巴巴地写信去对韩愈进行批评帮助——猜想韩愈当初读到柳宗元的信(《与韩愈论史官书》,见《全唐文》卷五七四)时,说不定会暗自好笑、摇头自得呢!

第五位柳芳。在《旧唐书》里,柳芳传附在其子柳登的传中:"柳登字成伯,河东人。父芳,肃宗朝史官……"但在《新唐书》中则反过来,单立柳芳传,叙述毕,乃曰:"子登、冕。"然后接叙柳登(及登子璟)、柳冕的事迹。似乎《新唐书》编者对柳芳更显重视。不过，二书所述柳芳故事并无不同，而且《旧唐书》还较为详细。兹引录如下：

> 父芳，肃宗朝史官，与同职韦述受诏添修吴兢所撰《国史》，杀青未竟而述亡，芳绪述凡例，勒成《国史》一百三十卷。上至高祖，下止乾元，而叙天宝后事，绝无伦类，取舍非工，不为史氏所称。然芳勤于记注，含毫罔倦。属安史乱离，国史散落，编缀所闻，率多阙漏。上元中坐事徙黔中，遇内官高力士亦贬巫州，遇诸途。芳以所疑禁中事，咨于力士。力士说开元、天宝中时政事，芳随口志之。又以《国史》已成，经于奏御，不可复改，乃别撰《唐历》四十卷，以力士所传，载于年历之下。芳自永宁尉、直史馆，转拾遗、补阙、员外郎，皆居史任，位终右司郎中、集贤学士。

这段史文虽然不长，但信息量却颇丰富，值得细读。从中除柳芳经历外，还可知晓一些史馆工作情况。如史官职责属公务写作，成果往往经多人之手相递完成。柳芳、韦述是在吴兢《国史》的基础上继续操作，韦述去世，柳芳负责，但仍会有别人参与（事实上，后来确由于休烈、令狐毋接手续写）。完成后则须送审，监修的宰相当然首先过目，最后还要奏御，由皇帝亲自审阅，一旦奏御通过，史官就无权再作改动，若想补充材料，修改提法，只好另写新篇。柳芳在听了高力士对开元、天宝政事的叙述后，就因《国史》已定稿，另写了《唐历》四十卷。对此前完成、被批评为"绝无伦类，取舍非工"的《国史》作了补正。

这段史文因叙述简单，还留下一些可探询的问题。柳芳起初完成的《国史》为什么会被批评为"叙天宝后事，绝无伦类，取舍非工"？又是哪些人持此看法？文中所说的"不为史氏所称"，具体涉及哪些人？经过安史之乱，史馆被毁，材料焚尽，故柳芳所写《国史》难免有漏略，但是否还存在别的问题？如在玄宗肃宗父子关系，特别是肃宗继位合法性的叙述上，是否不能令某些人满意？当时在这个问题上确实存在不同意见，柳芳属于同情玄宗的老派，而对其史述不满意的恐怕便是站在肃宗一边的新派？何况，柳芳编史时，许多当事人都还在世，这种人及其家人后代对史著的干预也是不可低估的。柳芳《国史》获差评，以及他奋力重写编年体的《唐历》四十卷，"以力士所传，载于年历下"，是否与此有关？《唐历》被视为"颇有异闻，然不立褒贬义例，为诸儒讥讪"（见《新唐书·柳芳传》，旧传无此语),又究竟是为什么？司马光在《资治通鉴》中很少引用柳芳的《国史》,却频繁引用《唐历》,又是什么道理？这些都很值得玩味探究。

从这段史文,还可看到柳芳及其著作的遭遇。联系韩愈《顺宗实录》的公案,可知唐代史官工作确实不好做,正如《新唐书》刘子玄等人传的史臣赞所说:"自韩愈为《顺宗实录》,议者哄然不息,卒窜定无完篇,乃知为史者亦难言之。"

另有值得注意的一点,是从中可见唐人对口述史料的重视。当柳芳在流放途中遇到高力士,立刻抓紧机会进行采访,从这位一度在玄宗身边的大太监那里搜集了宝贵的第一手资料,并把它记录下来写成文本。这里显示了柳芳作为史官的宝贵自觉和责任感。他的行为产生了不小影响。他曾将此事告诉儿子柳冕,柳冕又将其告诉过李吉甫,李吉甫再说给儿子李德裕。至大和八年(834),李德裕据以写成《次柳氏旧闻》,上呈唐文宗,并流传于后代。虽然经过辗转言说,内容难免有所遗漏变形,或者当初高力士的叙述也未必绝对真实,但毕竟留下当时人、目击者的叙述,是不可多得的史料。应该说,喜采访,勤记述,是许多唐代文人的好习惯,故像《次柳氏旧闻》这样的书,唐代产生不少,许多流传至今。如韦绚曾据刘禹锡幕所言,记了一本《刘宾客嘉话录》,又按李德裕的提示,把在幕中所闻编了一本《戎幕闲谈》。此外,如今日尚可见到的《唐国史补》(李肇)、《因话录》(赵璘)、《隋唐嘉话》(刘悚)、《大唐新语》(刘肃)、《朝野佥载》(张鷟)、《东观奏记》(裴廷裕)等,都是这一类著作。真应该感谢唐人的这个好习惯,使我们能够在正史和官方史料之外能够了解更多唐朝的人物和故事。

唐代史官人数不少,以其他身份参与过修史工作的人更多,他们为唐史的修成准备了大量的资料,奠定了坚实的基础。他们的劳作是很值得感念的。

三、唐史著作的传承和发展

唐朝结束,进入五代时期。唐史的编纂在五代晋,由宰臣刘昫领衔完成。这是第一部完整的纪传体唐史。

至宋代,宋仁宗不满其"卑弱浅陋",命翰林学士欧阳修、端明殿学士宋祁重修,费时十七年而成。这样就有了新、旧两部《唐书》,都被列为正史。

两部《唐书》各有长短。《旧唐书》前半全用唐代史官实录、国史旧文,材料比较丰富准确;后半因原始史料短缺），则比较薄弱。《新唐书》号称"事增于前，文省于旧"，但过于追求简洁和文采，有些地方表述反不够明晰。后人仔细比较和对读，指出了它们的许多异同，如清人赵翼《廿二史札记》就分门别类地罗列了《新唐书》增删修改的内容，对读者很有启发。

更重要的是司马光《资治通鉴》。《资治通鉴》是一部编年体的通史，上起周代（威烈王二十三年），下限直到唐末五代（后周世宗显德六年），总共1362年，294卷，唐史占了其中的81卷。尤其因为司马光的谨严，既充分依据正史，又并不迷信正史，还利用许多杂史、别史乃至笔记小说的记载，对疑难问题进行认真考辨，写成《考异》三十卷，故陈寅恪郑重指出：《资治通鉴》是研究唐史的必读资料，"读正史必参考《通鉴》"（见杨联陞《陈寅恪先生隋唐史第一讲笔记》）。作为司马光助手的范祖禹，自己还另写了一部《唐鉴》，其记事议论皆非常有特色。宋高宗曾对侍讲臣说："读《资治通鉴》，知司马光有宰相度量；读《唐鉴》，知范祖禹有台谏手段。"

后人对唐史的评议，还有不少，《四库全书总目提要》就记述了吴缜的《新唐书纠谬》、孙甫的《唐史论断》、吕夏卿的《唐书直笔》等。此外，如王夫之《读通鉴论》、王鸣盛

《十七史商榷》、钱大昕《十驾斋养新录》、赵翼《廿二史札记》等，均是值得参考的。

今人新编唐史，著名的则有范文澜《中国通史简编》的唐史部分、吕思勉《隋唐五代史》、岑仲勉《隋唐史》、韩国磐《隋唐五代史提纲》和王仲荦《隋唐五代史》等。陈寅恪的《隋唐制度渊源略论稿》《唐代政治史述论稿》和《元白诗笺证稿》，与前述诸种断代史不同，是唐史若干问题的专门研究，通过纵横比较提出许多独到观点。如从礼仪、职官、刑律、音乐、兵制、财政等方面论述唐制与北魏、隋代制度的渊源关系，揭示了唐统治阶级的氏族构成，特别是新兴关陇集团与山东旧族的斗争、纠葛和升沉，以及在此基础上形成的党派之争和以"婚宦"为评定士人标准的社会风气等。

从政治、经济、军事、文化、艺术、教育、科举、宗教、民族关系、区域变化以及社会生活各方面分门别类地考察梳理探究，从而产生各式各样的专史，是唐史研究向深细发展的标志。这当中自然就涌现出许多名著，随便举些例子，如研究交通的《唐代交通史图志》（严耕望），研究科举制度的《唐代科举制度与文学》（傅璇琮），研究官员人物关系的《郎官石柱题名新考订》《元和姓纂四校记》（岑仲勉）、

《唐仆尚丞郎表》(严耕望)、《唐刺史考》(郁贤皓)、《唐翰林学士传论》(傅璇琮),更不必说各种规模、各种体式的文学史、诗歌史,以及林林总总的唐人传记,可谓数不胜数。

外国人对唐史也挺感兴趣,无论西方学者还是东方学者,都有这方面的专著。唐代文史研究是所谓汉学或中国学的重要组成部分。有不少已翻译介绍到国内。如《剑桥中国隋唐史》和日本学者的许多相关著作。

唐朝历史虽已是距今一千多年前的事,写成文本的唐朝史书也可谓汗牛充栋。但任何历史,哪怕是古代历史,也是在不断生成着、变化着的——考古学的进展,地下文物文献的出土,对已有文物文献研究的深入,特别是学术思想的演变、观念的更新,都会使我们加深或修正、改变对古史的认识。就唐史而言,敦煌和西域文献的发现,是对唐史研究的一大促进。近年,考古发现和出土文献,特别是唐代墓志的大量出现,是又一次的促进。而史学思想和方法的世界性演进——由过往主要重视帝王将相上层人物的政治兴衰和递嬗,到转向对下层百姓日常生活状态和社会演进的关注——史学研究的重心发生了巨大的变异,史学学科也与文学、哲学、人类学、民俗学、心理学等发生了深刻的交叉和融合,从而出现了种种新变。历史研究在不断深化、细化，由于认识更新、视角变化、资料增多，唐史研究可以说是无可穷尽的。

我们的态度是对历史须持客观、辩证、开放的态度，随着新文献、文物、史料的出现，新视角、新观点的产生，不断修正补充，永无终止。

在新媒体不断产生和发展的今天，以文艺形式如历史小说、历史电视剧等来表现唐史，读解唐诗，了解唐人的生活、心理和情趣，也不妨视为一种可行而有效有趣的方式。

本书《长安道上：缤纷的唐人世界》，参考了诸种前人作品，提供对唐代历史的点滴记忆，不含虚构戏说的成分，但叙述比较轻松，希望也能够引起读者的兴趣。另外，本书尚有一本姐妹编，即笔者与程蔷教授合著的《浮世长安》（原名《唐帝国的精神文明——民俗与文学》），将由后浪出版公司推出。此书从民俗学角度论说唐代的文学与文化，较多地涉及了唐代社会生活的情状，可与本书参看。欢迎读者朋友阅读、切磋和批评。